50 x
BODENSEE

DOMINIK GÜGEL

50 x BODENSEE

Eine spannende Zeitreise durch die Geschichte

SILBERBURG

Sollte dieses Werk Links auf Webseiten Dritter enthalten, so machen wir uns die Inhalte nicht zu eigen und übernehmen für die Inhalte keine Haftung.

In diesem Buch wird aus Gründen der besseren Lesbarkeit das generische Maskulinum verwendet. Weibliche und anderweitige Geschlechteridentitäten werden dabei ausdrücklich mitgemeint, soweit es für die Aussage erforderlich ist.

1. Auflage 2020

Lektorat, Satz und Layout: Verlagsbüro Wais & Partner, Stuttgart.
Umschlaggestaltung: DOPPELPUNKT Karen Auch, Stuttgart.
Coverfotos: Karte des Bodensees, Nikolaus Kalt, um 1600 (Hintergrund); Hortense de Beauharnais (Mitte 1. v. l.); Zeppelin über dem Bodensee, 2. Juli 1900 (Mitte 2. v. l.); Graduale von St. Katharinental (Mitte 3. v. l.); Große Seegfrörne (Mitte 4. v. l.); Imperia in Konstanz (unten).
Druck: Florjančič Tisk d.o.o. / Slowenien.

ISBN 978-3-8425-2198-8

Inhalt

Vorwort ... 8

Lange vor unserer Zeit, aber Auswirkungen bis heute
Ein wirklich großer See ... 12

3500 v. Chr. Ein zweites Stonehenge, Frauenbrüste, ein Goldbecher und mehr ... 14

15. v. Chr. Hilfe, die Römer kommen – und bringen Publius Vergilius Maro mit ... 16

43 n. Chr. Der Bodensee erhält einen Namen ... vielleicht ... 19

um 585 Endlich Bedeutung: Das Bistum Konstanz entsteht ... 22

719 und 724 Orare et laborare – die Abteien Sankt Gallen und Reichenau ... 24

um 830 Liber de cultura hortorum – das Buch über die Pflege der Gärten ... 26

um 940 Ein zweites Rom und Jerusalem ... 28

vor 1042 de mercatore, vom Fernkaufmann – keine trockene Wirtschaftsgeschichte ... 30

um 1050 Frühe Pilger auf dem Weg zum Heiligen Jakobus ... 32

1153–1183 Ein König, ein Kaiser und zwei Reichstage ... 34

nach 1159 Von Rittern, Mäusen, hungernden Bauern und mordenden Knechten ... 36

um 1250 Es gibt nichts Vergleichbares! Das Heilige Grab ... 38

um 1312 Das Graduale aus dem Kloster von Sankt Katharinental (TG) ... 40

1312 Der Bund der Bodensee-Städte ... 42

1380 Die große Ravensburger Handelsgesellschaft ... 44

ab 1401 Die Eidgenossen drängen zum See ... 46

1412 Von Bodensee-Piraten und Raubrittern ... 48

1414–1418 Weltgeschichte mit Schönheitsfehlern? Das Konstanzer Konzil ... 50

ab 1436 Der Thurgau als blutiges Schlachtfeld ... 52

nach 1453 Der sogenannte »Feldbach-Code« gibt Rätsel auf ... 54

1459 Promiarzt und Vordenker – Andreas Reichlin von Meldegg ... 56

1499 Keine Gefangenen! Der Schwaben- oder Schweizerkrieg ... 58

1507 Europa zu Gast am Bodensee – ein letztes Mal!
Der Reichstag von Konstanz ... 60

1508 Profane Wandmalereien – Wein, König, Weib und Wahrheit ... 62

ab 1510 Einzig in seiner Art – der Bischofszeller Wandbehang ... 64

1516 Wie man auf dem Narrenberg Wein anbaut ... 66

1518 Ambrosius Blarer: Wie's Gott gefallt, so gfallt's mir auch ... 68

1573 Der Heilige Johannes geht erstmals aufs Eis – wahrscheinlich jedenfalls ... 70

1580 Michel de Montaigne, der erste Kulturtourist
aus Frankreich, besucht Lindau ... 72

1632 Schweden, Franzosen, die Kaiserlichen
und ein Admiral für den Bodensee ... 74

1648 Ausgeplündert und ins Elend gejagt – Sankt Gallen hilft seinen Nachbarn 76

um 1650 Es wird voll auf den Straßen –
Vorarlberger Handwerker räumen auf ... 78

1697 Der Phönix aus der Asche – Salem entsteht neu ... 80

1729 Auf Diebestour in Schwaben und in der Schweiz,
an Bodensee und Rhein ... 82

1749 Badefreuden im Appenzellerland?
Ein Züricher bringt den Tourismus in Schwung ... 84

ab 1796 Flottenwettrüsten auf dem See –
die Franzosen sind schon wieder da ... 86

ab 1815 Eine Königin macht Dampf – die Zeiten ändern sich nachhaltig ... 88

1821 Unterdrückt, zernichtet und vertilgt –
das vorläufige Ende des Bistums Konstanz ... 90

1853 Ohne Rücksicht auf Verluste – grenzenloser Fortschrittsglaube ... 92

1875 Kein Sekt, keine Reden, keine Damen –
der Vorgänger heutiger Seenachtsfeste ... 94

1900 Wer wird denn gleich in die Luft gehen?
Graf Ferdinand von Zeppelin natürlich! ... 98

1914 Wir waren auch dabei –
Männer aus der Schweiz kämpfen im Deutschen Heer ... 100

1925 Sie saßen auf heißen Kohlen –
wie der Müller-Thurgau seinen Siegeszug begann ... 102

1930 Das einzige fliegende Weltwunder – DO-X ... 104

1938 Die Konstanzer marschieren in Vorarlberg ein ... 106

ab 1940 Von der Heimatfront zur Front – der Krieg und sein Ende ... 108

1963 Eine Vereinigung auf Zeit –
wenn Wasser nicht zu Wein, sondern zu Eis wird ... 110

2002 Die Flugzeugkatastrophe bei Überlingen ... 112

2015 Erfolgreicher Abschluss des Jahrhundertprojekts »Tiefenschärfe« ... 114

2015 Erfolgreicher Abschluss des Jahrhundertprojekts »Tiefenschärfe« ... 114

Übersichtskarte ... 116

Literaturempfehlungen ... 118

Bildnachweis ... 120

Vorwort

Die einen nennen ihn Bodensee, die anderen *Lac de Constance*, *Lago di Costanza* oder *Lake Constance* und wieder andere einfach »Schwäbisches Meer«. Spätestens jetzt schwillt manch national gesinntem Zeitgenossen der Kamm. Das könne überhaupt nicht sein, wird in vorauseilender politischer Überkorrektheit gepoltert. Der Bodensee gehöre zu Baden-Württemberg und Bayern (Deutschland), den Kantonen Thurgau, St. Gallen und Schaffhausen (Schweiz) sowie zu Vorarlberg (Österreich). Mit den Schwaben habe das überhaupt nichts zu tun. Übersehen wird dabei allerdings die nicht zu leugnende Tatsache, dass der Bodensee durchaus das Meer Schwabens ist. Er liegt ziemlich genau im Zentrum des alten Herzogtums Schwaben, dem Siedlungsraum des gleichnamigen Volksstammes. Ob es nun gefällt oder nicht, zu ihm gehören genauso das Elsass, wie große Teile der Deutschschweiz oder der Südtiroler Vinschgau. Bei den heute gern als Alibi gegen den in Ungnade gefallenen Begriff Schwaben dienenden Staaten Baden, Württemberg, Bayern, Thurgau … handelt es sich um nichts anderes als um politische Konstruktionen, die vor etwas mehr als 200 Jahren eher zufällig ihre Grenzen erhielten. Das lässt sich gut am Großherzogtum Baden zeigen. Als sich dieses 1806 an den Bodensee ausdehnte, beabsichtigte der damalige Staatsminister Freiherr Sigismund Karl Johann von Reitzenstein gleich das Gebiet wieder einzutauschen oder zu verkaufen. Die Bevölkerung am nordwestlichen See interessierte sich ihrerseits kaum für Baden. Entweder fühlte man sich zu seinen ursprünglichen Landesherren, den Habsburgern, hingezogen oder man wollte Thurgauer werden. Von einer Unterscheidung zwischen Deutschen, Schweizern und Österreichern war noch lange keine Rede. Die heutigen Grenzen um den Bodensee sind also nicht schon immer so gewesen, quasi in der Genesis des Alten Testaments niedergeschrieben. Nein, sie sind ein mehr oder minder zufälliges Produkt, entstanden aus dem Machtkalkül von Herrschenden oder aus deren Unfähigkeit. Der Zufall spielte dabei oft eine nicht zu unterschätzende Rolle. Was wäre gewesen, wenn? Eigentlich darf man diese Frage nicht stellen oder zumindest keine Antwort darauf geben. Aber es reizt natürlich! Was wäre etwa gewesen, wenn die Herzöge von Schwaben, deren Grablege in der Mauritiusrotunde des Konstanzer Münsters vorgesehen war, nicht im 13. Jahrhundert ausgestorben wären? Hätten es die aus dem Aargau stammenden Habsburger je zur Weltgeltung gebracht? Was wäre gewesen, wenn die Freien Reichsstädte Konstanz, Überlingen und Lindau im 15. Jahrhundert Teil der Eidgenossenschaft geworden wären? Hätte es je eine Schweiz im heutigen Sinn gegeben? Was wäre gewesen, wenn der Konstanzer Ambrosius Blarer und nicht der Züricher Ulrich Zwingli der führende süddeutsche Reformator geworden wäre? Was wäre gewesen, wenn Napoleon das angedachte Königreich Helvetien mit einer Hauptstadt Konstanz gegründet hätte? Welche Auswirkungen hätte die angedachte Sprengung des Rheinfalls und die industrielle Schiffbarmachung des Sees bis Lindau und Bregenz gehabt? Was wäre, wenn das Bistum Konstanz 1821 nicht aufgelöst worden wäre, sondern weiter Bestand hätte?

Schnell wird klar, Geschichte und Gegenwart des Bodenseeraums sind spannend und mehr als beachtenswert. Nicht umsonst ergänzen sich hier auf engstem Raum gleich drei Welterbestätten. In den 1950er-Jahren sprach man vom Bodensee als einer »Wiege der abendländischen Kultur«. Sicher eine ambitionierte Aussage, über die sich trefflich diskutieren lässt – die folgenden 50 Kapitel zeigen aber, dass die Geschichte des Bodensees eines sicher nicht ist: langweilig!

Lange vor unserer Zeit, aber Auswirkungen bis heute –

Ein wirklich großer See

Bevor wir auf den sogenannten Rheintalsee blicken, schauen wir erst noch ein paar Millionen Jahre zurück, nämlich ins Miozän, in die Zeitspanne zwischen 26 Millionen und 7 Millionen vor Christus. Damals bedeckte ein flaches Meer das Bodenseegebiet. Im Großraum Sankt Gallen befand sich eine Art überdimensionaler Sandstrand. Aus dessen Sedimenten entstand durch verschiedene geologische Entwicklungen ein bis in die heutige Zeit beliebtes Baumaterial: der sogenannte Rorschacher- oder eben Bodensee-Sandstein. Warum das erwähnenswert ist? Viele der bedeutendsten Gebäude rings um den See basieren auf diesem Baustoff, ja, sie wären ohne ihn gar nicht denkbar. Seine blau- manchmal auch grüngraue Farbe prägt die Kirchen, Klöster und Häuser der mittelalterlichen Städte. Fast könnte man sie als Grundfarbe der Bodenseegeschichte bezeichnen.

Doch nun zu den Vorgängern (ja Vorgängern!) unseres heutigen Bodensees. Grundsätzlich entstanden sie durch die Auffaltung der Alpen. Der Afrika-

Backenzahn des Ur-Elefants, Helsighausen (TG)

nische Kontinent drückte gegen Europa, wodurch die Alpen aufgetürmt wurden. An ihrer Nordseite senkte sich die Erde ab, dadurch bildete sich eine Art Vorlandtrog, in dem sich das Wasser der in diese Richtung fließenden Flüsse sammelte. Diese brachten aus dem Gebirge Schuttmassen mit, die sogenannte Molasse. Daraus bildeten sich eigene Gesteinsformationen. Mindestens zwei Ur-Bodenseen hatte es schon gegeben, deren Wasserspiegel erheblich höher als der heutige lag. Beide waren hintereinander verlandet. Eiszeiten und Warmzeiten wechselten sich ab.

Während der letzten Eiszeit, der sogenannten Birrfeld-Eiszeit (früher Würm-Eiszeit) bedeckte ein bis zu 600 Meter hoher Rheingletscher das Bodenseegebiet in etwa bis auf die Höhe von Schaffhausen. Beim Abschmelzen hinterließen die Eismassen das Bodenseebecken. So entstand etwa vor 14 000 Jahren der sogenannte Alt-Bodensee. Ursprünglich dehnte er sich weit nach Süden in das Rheintal bis in die Nähe von Chur aus. Durch die Erosion der umliegenden Alpen verlandete dieser Seearm (auch Rheintalsee genannt) allmählich wieder und der Bodensee erhielt mehr oder minder seinen aktuellen Umriss. An seinen Ufern blieb lehmige, mit Sand und Kies vermischte Erde zurück, die sogenannte Moräne. Unter dieser Deckschicht steht die oben erwähnte Molasse an – Abraummaterial der Alpen aus viel früheren Verfüllungsphasen.

Blick aus den Alpen auf den sogenannten Rheinsee

Die Verlandung des Bodensees war, ist und bleibt übrigens ein drängendes Thema. Ohne Gegenmaßnahmen würde aufgrund der gigantischen Schuttmassen aus den Alpen der Bodensee jährlich um rund 2,5 Hektar schrumpfen. Deshalb verlängert man seit den 1970er-Jahren das Flussbett des Rheins mit Dämmen unter der Wasseroberfläche um rund 5 Kilometer in den See hinaus. So lagert sich das Material weniger in der Flachwasserzone, sondern eher an den tieferen Stellen ab. Die Verlandung scheint – zumindest auf den ersten Blick – gestoppt. Allerdings mit nicht zu unterschätzenden Folgen für das gesamte Ökosystem. Obwohl sich der Mensch mit seinem ganzen Wissen und seiner ganzen Kraft gegen die Verlandung wehrt, gibt es wohl kein Entrinnen. Der Prozess kann nicht gestoppt, sondern allenfalls nur verlangsamt werden. Momentan gehen Wissenschaftler davon aus, dass es spätestens in 20 000 Jahren keinen Bodensee mehr gibt.

3500 v. Chr. Ein zweites Stonehenge, Frauenbrüste, ein Goldbecher und mehr

Wann genau sich die ersten Menschen am Bodensee niedergelassen haben, ist bis heute unklar. Sicher lebten sie schon vor 6000 Jahren während der Jungsteinzeit hier. Zahlreiche Siedlungen rings um den See belegen ihre Anwesenheit. Von »Primitiven« kann dabei allerdings keine Rede sein. Nicht umsonst erklärte die UNESCO im Juni 2011 die prähistorischen Pfahlbauten um die Alpen zum Welterbe: »nirgendwo sonst in Europa kann die Entwicklung vorgeschichtlicher Kulturen, ihrer Technik, Wirtschaft und Umwelt derart detailgenau verfolgt werden, wie in den Alpenrandseen.«

Vor neun Jahren konnten die Verantwortlichen allerdings noch nicht ahnen, dass – je nach Seespiegel – drei bis fünf Meter unter Wasser eine ausgesprochene Sensation wartete: 170 Steinhügel, die sich parallel zum Schweizer Ufer in einer direkten Linie zwischen den Dörfern Bottighofen (TG) und Romanshorn (TG) über etwa 10 km entlangziehen. Entdeckt wurden sie 2015 vom Institut für Seenforschung in Langenargen (Bodenseekreis) bei einem Projekt zur Tiefenvermessung des Bodensee. Eine echte Sensation, die natürlich jede Menge Fragen aufwarf (und immer noch wirft). Vermutete man zunächst, dass es sich um eiszeitliche Formationen handelte, stellte sich alsbald heraus, dass die Hügel mit ihrem Durchmesser von 20 bis 30 Metern von Menschenhand stammen. Wozu sie dienten, bleibt nach wie vor unklar. Es bedarf weiterer archäologischer Abklärungen. Als gesichert gilt mittlerweile, dass die Bauwerke vor ca. 5500 Jahren entstanden und damit älter als die ägyptischen Pyramiden sind. Urs Leuzinger, Leiter des Museums für Archäologie Thurgau in Frauenfeld und gesuchter Spezialist für die Pfahlbauten am Bodensee, vermutet, es könne sich bei den flachen Steinaufschüttungen um Totenhügel für Verstorbene handeln. Interessant scheint auch, dass die Bauwerke in einer Nordwest-Südost-Ausrichtung stehen und damit in einer Linie zwischen dem Stand der untergehenden- und aufgehenden Sonne an der Sonnenwende im Winter bzw. im Sommer. Verlängert man diese Linie über die Hügel hinaus, trifft man im Osten auf den Eintritt des Rheins in den Bodensee und im Westen auf dessen Ausfluss bei Konstanz. Pflanzten unsere Vorfahren zur Sonnenwende Hölzer auf die Hügel, zündeten sie diese an und schufen sie so zu kultischen Zwecken eine »brennende Linie« im See? Wenn ja, ergab sich sicher ein spektakuläres Bild!

Aus der gleichen Periode stammen die ältesten bisher entdeckten figuralen Wandmalereien. Vor Bodman-Ludwigshafen fanden sich am Grund des Sees Fragmente einer sieben Meter langen Innenwand eines Pfahlbauhauses, das vor fast 6000 Jahren unterging. Die Rekonstruktion förderte sieben Frauengestalten mit erhobenen Händen und plastisch geformten, beinahe lebensgroßen Brüsten ans Tageslicht. Der Zweck bleibt auch hier einstweilen verborgen. Manche Forscher gehen von einer Art Altar für rituelle Handlungen aus.

Goldbecher aus Eschenz

Etwas jünger ist ein kostbarer Goldbecher, der 1906 bei Schienenarbeiten am heutigen Bahnhof von Eschenz im Kanton Thurgau gefunden wurde. Das glockenförmige Gefäß ist aus einem Stück Goldblech getrieben, anschließend flächig verziert und mit erhabenen Mustern geschmückt worden. Eine genaue Datierung scheint momentan zwar nicht möglich, aber eine Zuordnung in die ausgehende Jungsteinzeit ist wahrscheinlich. Ob er vom Bodensee stammt oder hier nur in den Boden kam, lässt sich nicht sagen. Da in anderen Gegenden Europas ähnliche Stücke gefunden wurden, zeigt sich, dass der Bodensee schon zu diesem Zeitpunkt Teil eines erstaunlichen Netzwerkes von Handelsrouten bzw. kulturellen Austausches war. Wer diese Menschen genau waren und was sie für eine Sprache gesprochen haben, bleibt im Dunkel der Geschichte verborgen.

15 v. Chr. Hilfe, die Römer kommen – und bringen Publius Vergilius Maro mit

Spätestens um 700 vor Christus kommt mehr Licht in die Geschichte am Bodensee. Im Rahmen einer Art Völkerwanderung ließen sich die Kelten an seinen Ufern und in seinem Hinterland nieder. Allerdings muss gesagt werden, dass es »die Kelten« eigentlich gar nicht gibt. Es handelte sich nämlich um miteinander verwandte Volksstämme, die eine ähnliche Sprache und Kultur hatten, sich aber in vielen anderen Bereichen voneinander unterschieden. Am Bodensee haben wohl die Raeter und Vindeliker gesiedelt. Ob die Helvetier bis an den See kamen, scheint eher fraglich. Die keltischen Stämme legten größere und kleinere Siedlungen an, eine bedeutende Stadt ist bis heute aber nicht gefunden worden und auch nicht bekannt. Einzig Brigantium, Bregenz, tritt als eine Art Hauptort der Brigantier etwas in den Vordergrund.

15 vor Christus, also in der frühen Kaiserzeit unter Augustus, dem Nachfolger Caesars, drangen römische Truppen mit den Heerführern Drusus und Tiberius über die Alpen nach Norden vor und besetzten dabei auch das Bodenseegebiet. Wie der griechisch-römische Geograf und Historiker

Römisches Ziegelfragment
mit Vergil-Inschrift aus Eschenz

Strabo (ca. 63 vor–23 nach Chr.) berichtet, kam es dabei zur ersten belegten Schlacht auf dem See, die für die Römer siegreich endete. Die damaligen Zeitgenossen hielten sie für so wichtig, dass sie ihrer sogar im Tropaeum Alpium (oder Tropaeum Augusti) gedachten. Dabei handelte es sich um eine Art Siegesdenkmal, das im heutigen La Turbie in den französischen Seealpen oberhalb von Monaco steht.

Anschließend rückten die Römer kämpfend vor und verschoben ihre Reichsgrenze bis an die Donau. Dort blieb sie ungefähr für die folgenden 300 Jahre. In der Rätien genannten Provinz entwickelte sich ein beschauliches wirtschaftliches und kulturelles Leben. Neben dem schon genannten Brigantinum (Bregenz, VBG) entstanden teilweise in Abhängigkeit von Garnisonen weitere aufstrebende Siedlungen bzw. (Klein-)Städte. Arbor Felix (Arbon, TG), Ad Fines (Pfyn, TG), Tasgetium (Eschenz, TG), Constantia (Konstanz, BW) sind einige Beispiele. Andere wie Ad Renum kann man bis heute noch nicht genau lokalisieren. Die Provinzhauptstadt lag allerdings nie am See, sondern im – auch für heutige Verhältnisse – relativ weit davon entfernten Augusta Vindelicorum (Augsburg, BY). Zusätzlich entstanden am Seeufer und in seinem Hinterland zahlreiche *villae rusticae* (Gutshöfe). Ungefähr 120 davon sind bekannt, allerdings nur wenige erforscht. Schöne Beispiele finden sich in Eigeltingen (Landkreis Konstanz), in Hüttwilen-Stutheien (TG) oder in Rankweil (VBG). Dabei handelte es sich nicht um einfache Bauernhöfe, sondern um respektable Anlagen, die teilweise auch über repräsentative Herrenhäuser mit Tempeln und Badeanlagen verfügten. Fragmente von Wandmalereien zeigen den Geschmack und die Kunstsinnigkeit ihrer Bewohner. Neben dem See nutzten die Römer ein gut funktionierendes Straßensystem, das von zwei Hauptachsen dominiert wurde. Ein südlicher Strang von Vindonissa (Windisch, AG) via Ad Fines (Pfyn, TG) nach Arbor Felix (Arbon, TG) und Ad Renum (St. Margareten, SG, ?) und ein nördlicher von Vindonissa nach Brigobannis (Hüfingen, Schwarzwald-Baar-Kreis). Beide sind auf der Abschrift einer antiken Straßenkarte, der Tabula Peutingeriana, sowie einem antiken Straßeninventar überliefert. Die Wege waren wohl nicht gepflastert, sondern lediglich gekiest. Leider haben sich keine Fuhrwerke oder Schiffe erhalten, dafür aber Teile davon, wie ein vermutlich römischer Anker(stein) aus Tasgetium (Eschenz, TG) zeigt. Brücken konnten bei Eriskirch (Bodenseekreis), Eschenz oder Konstanz nachgewiesen werden.

Das Leben der sich immer mehr vermischenden Menschen keltischer bzw. romanischer Abstammung war anfänglich wohl von Ruhe und Sicherheit geprägt. Die Sommer scheinen angenehm mild, die Winter kalt gewesen zu sein. Acker-, Garten- und Obstbau gediehen prächtig, Haus- und Wildtiere ergänzten das Nahrungsangebot. Auch oder gerade in den Kleinstädten lebte es sich gut. Handel, Kunst und Kultur florierten, die Menschen lebten am Puls der Zeit. Das zeigen zwei erstaunliche Inschriften aus Eschenz bzw. Bregenz. Auf beiden haben sich Zitate aus der Aeneis des römischen Schriftstellers Vergil (eigentlich Publius Vergilius Maro, 70 bis 19 vor Christus) erhalten – bis heute Pflichtlektüre im Lateinunterricht. Wer hätte so viel Literaturkenntnis in der Provinz am Bodensee erwartet?

Römische Panflöte aus Eschenz

Im dritten Jahrhundert änderten sich dann mehr oder minder plötzlich viele Rahmenbedingungen. Das Wetter verschlechterte sich. Außerdem drückten Germanenstämme immer stärker auf die Reichsgrenze. Diese musste weiter und weiter zurückgenommen werden, bis sie schließlich um 280 nach Christus entlang des Sees und Rheins verlief. Das nördliche Bodenseeufer wurde aufgegeben. Vielleicht zum ersten Mal in der Geschichte geriet die Bodenseeregion zwischen die Fronten.

43 n. Chr. Der Bodensee erhält einen Namen ... vielleicht

So richtig sicher ist man sich in Gelehrtenkreisen nicht. Der römische Geograf und Kosmograf Pomponius Mela (schrieb um 43 nach Christus – genaue Lebensdaten unbekannt) nennt in seinen drei Büchern »De chorographia« zwei Seen, die vom Rhein durchflossen werden: *lacus venetus* (1) und *lacus Acronius* (2). Gerne bedienen sich selbsternannte Lokalpatrioten dieser Schrift, wenn es darum geht, eine Trennung zwischen dem Gebiet des Obersees und des Untersees herbeizureden. Ob Pomponius Mela tatsächlich den Bodensee meinte und ob es sich bei diesen beiden Namen wirklich um eine Bezeichnung für den Ober- (1) und den Untersee (2) handelt, bleibt allerdings völlig offen. In keiner anderen antiken Quelle tauchen die Bezeichnungen wieder auf. Es gibt also nur wenig Stoff, weiter kontrovers zu diskutieren.

Unstrittig ist hingegen, dass der römische Schriftsteller Plinius der Ältere 77 nach Christus in seiner enzyklopädischen Naturkunde den gesamten See als *lacus raetiae Brigantinus* bezeichnete. Dabei bezog er sich auf das heutige Bregenz, »die erste Stadt am See«, sozusagen – zumindest aus der Sicht eines Römers. Damit war für die nächsten 700 Jahre eigentlich alles gesagt. Wir würden heute also gut daran tun, wenn wir schlicht vom Bregenzer See sprächen.

Wenn, ja wenn nicht im vierten bis fünften nachchristlichen Jahrhundert die Alemannen die Römer vertrieben hätten. Der Germanenstamm aus dem Ostseeraum – die Ostsee bezeichneten die Römer übrigens als *mare suebicum*, als »Schwäbisches Meer« (!) – ließ sich zuerst an der Nordseite des Sees nieder und konnte mit dieser riesigen Wasserfläche eigentlich nichts anfangen. Sie kannten keinen Namen dafür. Warum auch? Er war riesig und einfach da. Eigentlich störte er ungeheuer beim Handeln, aber er war halt – wie gesagt – da. *Der See* eben.

Erst nachdem sich das Frankenreich Alemannien einverleibt hatte (746), kam das Bedürfnis auf, geografisch etwas deutlicher zu werden. Seen gab es in dem riesigen Herrschaftsgebiet viele und deshalb musste eine Bezeichnung her. Die Pfalz des Königs Pippin liege an einem Meer, das *Podo-*

Karte des Bodensees mit seinen unterschiedlichen Namen

mus heiße, schreibt ein Mönch um 850. In *Podomus* steckt das lateinische Wort *podium* – eine herausragende, hohe Fläche. Was kann damit gemeint sein? Der Bodanrück mit seiner nach dem umgebenden Höhenzug Bodman benannten Pfalz. Somit war der Name Bodmansee zwar geboren, hatte sich aber noch lange nicht durchgesetzt.

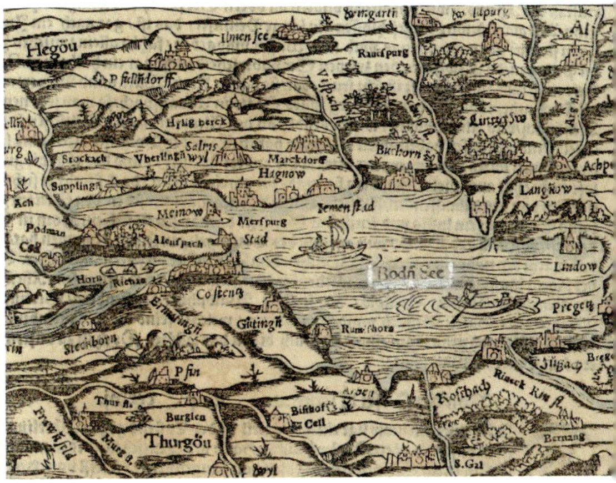

Karte des Bodensees, um 1580

Die besiegten Alemannen dachten gar nicht daran, Bodman, dieses Symbol fränkischer Herrschaft, als Namensgeber für ihren See zu akzeptieren. Schuld daran, dass sich dieser Name im deutschen Sprachraum etablierte, ist schlussendlich der berühmte Reichenauer Abt Walahfried Strabo (siehe S. 26), der den See *lacus potamicus* nannte. Der überzeugte alemannische Gelehrte umging in seiner Namensgebung die ungeliebte fränkische Pfalz und nutze dabei geschickt ein griechisches Wort, *potamos* – »Fluss«. Also heißt unser See eigentlich »Fluss-See«.

Damit endet die Geschichte natürlich nicht! Es war ein Mönch des Klosters Schaffhausen, der erstmals den Begriff Bodensee einführte: er sprach um 1140 in einem Güterverzeichnis vom *lacus Bodimse*. Kurze Zeit später tauchte in einer Kaiserchronik der Begriff *Bodemse* auf. Parallel dazu wird auch vom *lacus Constantiensis*, vom *Konstanzer See*, gesprochen, der sich im Deutschen allerdings bekanntlich nicht durchsetzte. Albertus Magnus, der auch am Bodensee immer wieder präsente Dominikaner-Gelehrte, nannte ihn sogar »das große Alemannische Meer«. Breitenwirkung erhielt der Name Bodensee schließlich durch den sich ab 1312 (siehe S. 42) langsam etablierenden Städtebund um den *Bodensew*. Mit den ab 1400 (siehe S. 46) tobenden Appenzeller Kriegen erhielt der Name *Bodensee* noch weitere Verbreitung ins Hinterland. Die internationalen Teilnehmer des 1414 (siehe S. 50) beginnenden Konstanzer Konzils konnten allerdings mit diesem »barbarisch-deutschen« Begriff nichts anfangen. Er ließ sich nicht übersetzen. Deshalb nutzten sie in den Berichten in ihre Heimatländer die naheliegendeste Bezeichnung: See von Konstanz – *Lago di Costanza*, *Lac de Constance*, *Lago de Constanza*, *Lake of Constance*. Daran hat sich bis heute nichts geändert.

um 585 Endlich Bedeutung: Das Bistum Konstanz entsteht

Auch wenn es 1821 (siehe S. 90) zwangsweise aufgelöst oder, um mit den Worten von Papst Pius VII. (1742–1823) zu sprechen, »unterdrückt, zernichtet und vertilgt« wurde, ist es trotzdem heute noch stark präsent: das alte Bistum Konstanz. Warum es aufgelöst wurde? 1821 erfolgt die Antwort auf diese berechtigte Frage.

Konstanz war das größte deutschsprachige Bistum und im Spätmittelalter für rund 17 000 Priester sowie 350 Klöster zuständig. Es gliederte sich in 64 Dekanate und zehn Archidiakonate. Flächenmäßig war es größer als die ganze Schweiz oder Baden-Württemberg. Sein Territorium erstreckte sich in etwa von den Alpen (Gotthard) bis an die obere Donau und den Neckar und vom Rhein bis an die Iller. Grob gesagt, umfasste es das Zentrum des alemannischen Siedlungsraumes und bildete entsprechend den Kern des alten Herzogtums Schwaben. Nicht umsonst wurde es auch als das Alemannen-Bistum bezeichnet.

Neben großen Teilen Baden-Württembergs und Vorarlbergs gehörten zu ihm auch kleinere Teile Bayerns sowie weite Teile der heutigen Schweiz: die Kantone Aargau (großteils), Bern und Solothurn (rechts der Aare), Uri, Schwyz, Ob- und Nidwalden sowie fast vollständig die Kantone Luzern, Zug, Glarus, Zürich, Schaffhausen, Thurgau, St. Gallen und die beiden Appenzeller Kantone. Vom Kanton Basel zählte noch das rechtsrheinisch gelegene Kleinbasel dazu. Das mag ein Grund dafür sein, dass Konstanz im Verständnis der Schweizer eine große Rolle spielt und mit einem Augenzwinkern gerne als *Schweizer Stadt* bezeichnet wird. Heute natürlich eher unter den Vorzeichen von Geschichte und Kultur bzw. des (Einkaufs-)Tourismus.

In den Quellen taucht das Bistum erstmals um die Wende vom 6. zum 7. Jahrhundert auf. Ob es sich dabei um eine Neugründung, eine Verlegung oder gar ein antikes Bistum handelt, wird anhaltend kontrovers diskutiert. Eine entscheidende Rolle für seine später herausragende Bedeutung spielte sicher die zentrale Lage und Brückenfunktion zwischen dem südlich des Sees gelegenen und teilweise noch aus der Spätantike christianisierten Alemannien und dem nördlichen eher heidnischen Siedlungsraum, den es zu christianisieren galt. Zeitweise unterstanden die beiden mächtigen Abteien

St. Gallen (719 gegründet, siehe S. 24) und Reichenau (724 gegründet, siehe S. 24) direkt dem Bistum, letztmals unter Bischof Salomon III. (ca. 860–919 oder 920), der nicht nur Abt von St. Gallen und Bischof, sondern auch Kanzler des Heiligen Römischen Reiches war und damit – neben dem König – wohl der mächtigste Mann im Reich. Etwa ab 940 (siehe S. 28) bauten der aus dem Geschlecht der Welfen (Weingarten, Landkreis Ravensburg) stammende Bischof Konrad I. (ca. 900–975) und der aus dem Geschlecht der Grafen von Bregenz (VBG) stammende Bischof Gebhard II. (949–995) ihren Bischofssitz zu einem zweiten Rom und Jerusalem aus. Im 12. und 13. Jahrhundert orientierten sich die Bischöfe eng an den Hohenstaufen, die als Herzöge von Schwaben und Kaiser »ihr« Bistum unterstützten. Die Bischöfe ihrerseits förderten Kunst und Kultur auf allen Ebenen. Nicht umsonst blühten im Bodenseeraum Wand- und Buchmalerei auf und wurden vorbildhaft nicht nur im deutschsprachigen Raum.

Karte der Archidiakonate und Dekanate des Bistums Konstanz

Vor allem durch die Reformation musste das Bistum schwere Einbußen hinnehmen. 1526 verlegte Fürstbischof Hugo von Hohenlandenberg die bischöfliche Residenz nach Meersburg. Seine Nachfolger bemühten sich redlich, aber leider ohne nachhaltigen Erfolg, die Diözese neu zu ordnen und ihr wieder zu einstigem Glanz zu verhelfen. Bis heute sichtbares Zeichen dieses Wirkens ist der barocke Neubau des bischöflichen Schlosses in Meersburg, der aber nur die hohe Verschuldung des Bistums noch weiter befeuerte.

Im Unterschied zu seinem geistlichen Einfluss erreichte das weltliche Herrschaftsgebiet, das Fürstbistum oder Hochstift Konstanz, nie eine mit anderen Bistümern vergleichbare Ausdehnung und Macht.

719 und 724 Orare et laborare – die Abteien Sankt Gallen und Reichenau

Welcher von beiden Abteien der geneigte Leser den Vorrang gibt, ist wahrscheinlich eine Frage des Lokalpatriotismus, jedenfalls sicher keine Frage der Bedeutung. Beide stehen auf der Liste des UNESCO-Welterbes, das spricht wohl für sich.

Die Abtei Sankt Gallen wurde 719 von einem später heiliggesprochenen Mönch namens Otmar gegründet. Nicht nur vor Ort streitet man sich allerdings ein wenig darüber, ob nicht der später ebenfalls heiliggesprochene irische Wandermönch Gallus den Vorrang haben sollte. Er legte 612 mit einer Einsiedlerklause den Grundstein für das Kloster und ist immerhin nicht nur dessen Namensgeber, sondern auch für die gleichnamige Stadt und den heutigen Schweizer Kanton.

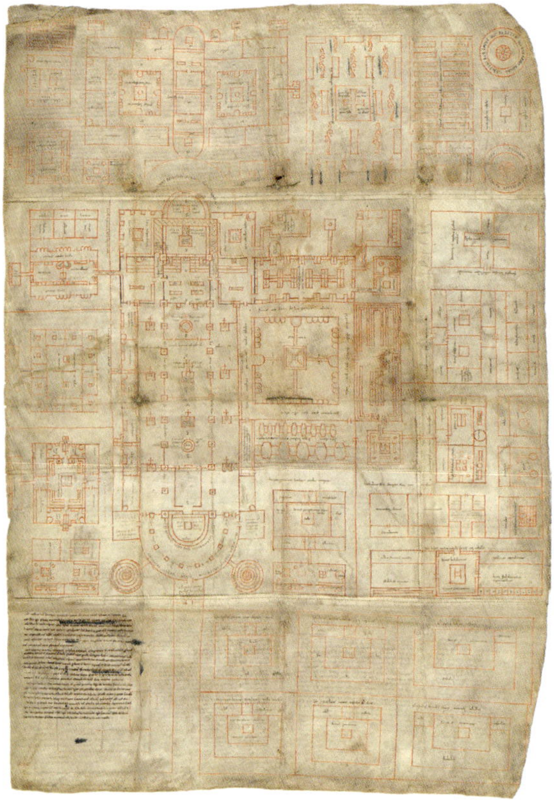

Sankt Galler Klosterplan

Nachdem das Kloster für einige Zeit direkt dem Konstanzer Bischof unterstand, begann 818 sein »Goldenes Zeitalter«, das bis zum Ungarneinfall 926 andauerte. In der Folgezeit gelang es den Äbten, einen mächtigen Klosterstaat mit umfangreichen Besitzungen im ganzen süddeutschen Raum aufzubauen. 1180 befreite sich die Stadt Sankt Gallen aus der Herrschaft des Abtes und erhielt den Status einer freien Reichsstadt, eine herbe Niederlage für das Kloster, genauso wie die ab 1400 (siehe S. 46) tobenden Appenzellerkriege. In deren Verlauf verlor das Kloster einen großen Teil seines Herrschaftsgebietes. Durch geschickte Ämterführung seiner Äbte gelang ein erneuter Aufstieg, der durch die Reformation jäh beendet wurde. Erst ab 1532 konnte sich das Kloster wieder davon erholen. Eine sogenannte *Schiedsmauer* trennt an manchen Stellen bis heute die umgebende Stadt und den Klosterbezirk. Die Abtei verfolgte nun bewusst eine Politik der Eigenständigkeit, die sich mehr an den Grundsätzen des Reiches orientierte. Dies führte immer wieder zu Auseinandersetzungen mit der werdenden Eidgenossenschaft. Vor seiner Auflösung im Jahr 1805 gelang der Fürstabtei ein letztes Aufblühen, wovon der ab 1755 begonnene Neubau der Klosteranlage mit seiner Stiftsbibliothek ein beredtes Zeugnis ablegt. Neben vielen anderen wertvollen Handschriften bewahrt sie seit dem 9. Jahrhundert den sogenannten Sankt Galler Klosterplan. Dabei handelt es sich um den ältesten bekannten Idealplan einer Klosteranlage des Abendlandes. Seit 2019 ist er erstmals im Original zu sehen. Die Grundrisszeichnung entstand aber nicht in Sankt Gallen, sondern in der Schreibstube des befreundeten Klosters auf der Insel Reichenau im Untersee.

Die dortige Abtei wurde 724, also nur wenige Jahre nach Sankt Gallen, durch den Heiligen Pirmin gegründet. Ähnlich wie in Sankt Gallen entwickelte sich auch die Reichenau zu einer mächtigen Abtei, zu deren Mönchen die bedeutendsten Wissenschaftler des frühen Mittelalters zählten – darunter Walahfried Strabo, der 830 (siehe S. 26) das »Liber de cultura hortorum«, das Buch über die Pflege der Gärten, verfasste. Nicht umsonst bezeichnet man den gesamten Bodensee auch gerne als die »Wiege des Abendlandes«. Im Reichenauer Skriptorium, der Schreibstube des Klosters, entstanden einige der schönsten Buchmalereien Europas, darunter der oben erwähnte Klosterplan. Die Wandmalereien der drei auf der Insel noch erhaltenen Kirchen, besonders die in Sankt Georg (Oberzell), stellen eine der größten Kostbarkeiten der Bodenseeregion dar.

Im Gegensatz zu Sankt Gallen gelang es den Reichenauer Mönchen nicht, ihre Selbstständigkeit zu retten. Zwar wurde der Konvent nie von der Reformation bedrängt, er musste sich aber 1540 der Herrschaft des Bischofs von Konstanz unterstellen. Eine Demütigung, die gelegentlich noch heute auf der Reichenau für manche Missstimmung sorgt. Kein Wunder, denn bis zur endgültigen Auflösung des Klosters im Rahmen der Säkularisation fristeten die verbliebenen Mönche ein trauriges Dasein. Die wertvolle Klosterbibliothek wurde vom badischen Staat vereinnahmt, einzig die kostbaren Reliquienschreine blieben auf der Insel erhalten.

um 830 Liber de cultura hortorum – das Buch über die Pflege der Gärten

Zusammen mit dem um 800 entstandenen »Capitulare de villis vel curtis imperii (Caroli Magni)«, der Verordnung Karls des Großen über die Verwaltung seiner Krongüter, ist das »Hortulus« (Gärtlein) genannte Buch des Reichenauer Abtes Walahfried Strabo (um 808–849) das wohl wichtigste Bindeglied zwischen der (spät-)antiken Gartenkultur und der Gegenwart. Archäologische Fundstellen belegen die Übernahme und Weitergabe der römischen Gartentradition durch die Alemannen am See und in seinem Umland. Auch der etwas später entstandene Sankt Galler Klosterplan trägt mit seinen gartenbezogenen Inschriften zu unserem heutigen Wissen bei.

Titelblatt der zweiten Ausgabe von 1512

Walahfried, dessen Beiname »Strabo« (oder »Strabus«) übersetzt »Schieler« bedeutet, schuf in seinem abwechslungsreichen Leben mehrere Werke, unter denen der »Hortulus« wohl das berühmteste ist. Es handelt sich dabei um ein in Versform geschriebenes Lehrgedicht, das er seinem Freund und Lehrer Grimald(us) widmet, der unter anderem Abt von Sankt Gallen war. In 23 Strophen beschreibt er 24 Heil- und Zierpflanzen, die sich im (Reichenauer) Klostergarten befinden. Dabei geht Walahfried nicht nur auf deren Nutzen, sondern auch auf die wetter- oder jahreszeitlich bedingten Umstände des Gartenbaus ein, die er – wie er schreibt – aus eigener Erfahrung heraus kennt. Auch die Mühen, die Freude und die Entspannung, die ein Garten bringen kann, bleiben nicht unerwähnt.

Der Naturliebhaber Walahfried ertrinkt ausgerechnet während einer Reise nach Westfranken in der Loire. Knapp 700 Jahre später, 1510, gibt der Sankt Galler Reformator Vadian einen Druck des Werkes heraus, in dem der heute gebräuchliche Begriff *hortulus* erstmals Erwähnung findet.

Eine ausführlich beschriebene Rekonstruktion des »Gärtleins« lässt sich heute nördlich des Reichenauer Münsters innerhalb der alten Klostermauern besichtigen. Walahfried Strabo und sein Werk stehen nicht umsonst Pate für den Verein Bodenseegärten, der rund um den See ein Netzwerk für Parks und Gärten sowie für Garteninteressierte bildet.

Ofenkachel mit einem Fantasiebild von Walahfried Strabo

um 940 Ein zweites Rom und Jerusalem

Rom am Bodensee? Absolut! Genauer gesagt, in der *Felix Mater Constantia*, in der »Glücklichen Mutter Konstanz«, wie sich der Bischofssitz selbstbewusst in Anlehnung an Rom auch nannte. Es blieb aber nicht nur bei einer verbalen Annäherung. Etwa ab 940 bauten der aus dem Geschlecht der Welfen (Weingarten, Landkreis Ravensburg) stammende Bischof Konrad I. (ca. 900–975) und der aus dem Geschlecht der Grafen von Bregenz (VBG) stammende Bischof Gebhard II. (949–995) – beide später heiliggesprochen – ihren Bischofssitz zu einem zweiten Rom bzw. Jerusalem aus. Konrad gründete auf dem linksrheinischen Gebiet seiner Stadt ein Kirchenspiel, das Rom imitiert. Mit Sankt Johann (San Giovanni in Laterano), Sankt Marien – die Bischofskirche – (Santa Maria Maggiore), Sankt Lorenz (San Lorenzo fuori le mura) und Sankt Paul (San Paolo fuori le mura) existieren so zu seinen Lebzeiten bereits vier der fünf römischen Papstbasiliken. Den krönenden Abschluss schuf sein Nach-Nachfolger Gebhard, indem er rechtsrheinisch das Kloster Petershausen mit seiner Kirche Sankt Gregor Petri domus (San Pietro in Vaticano) errichtete.

Stich von Bischof Gebhard II.

Damit aber nicht genug! Konrad ließ östlich des Münsters eine Nachbildung der Heilig-Grab-Kirche von Jerusalem errichten und stattete sie mit entsprechenden Reliquien aus. Warum die Bischöfe dies taten? Sicher war es ein Zeichen ihres Anspruches, nördlich der Alpen ein zweites Zentrum der Christenheit (Rom und Jerusalem) zu bauen. Dann spielten aber auch wirtschaftliche Überlegungen eine Rolle. Man könnte sogar von der ersten Tou-

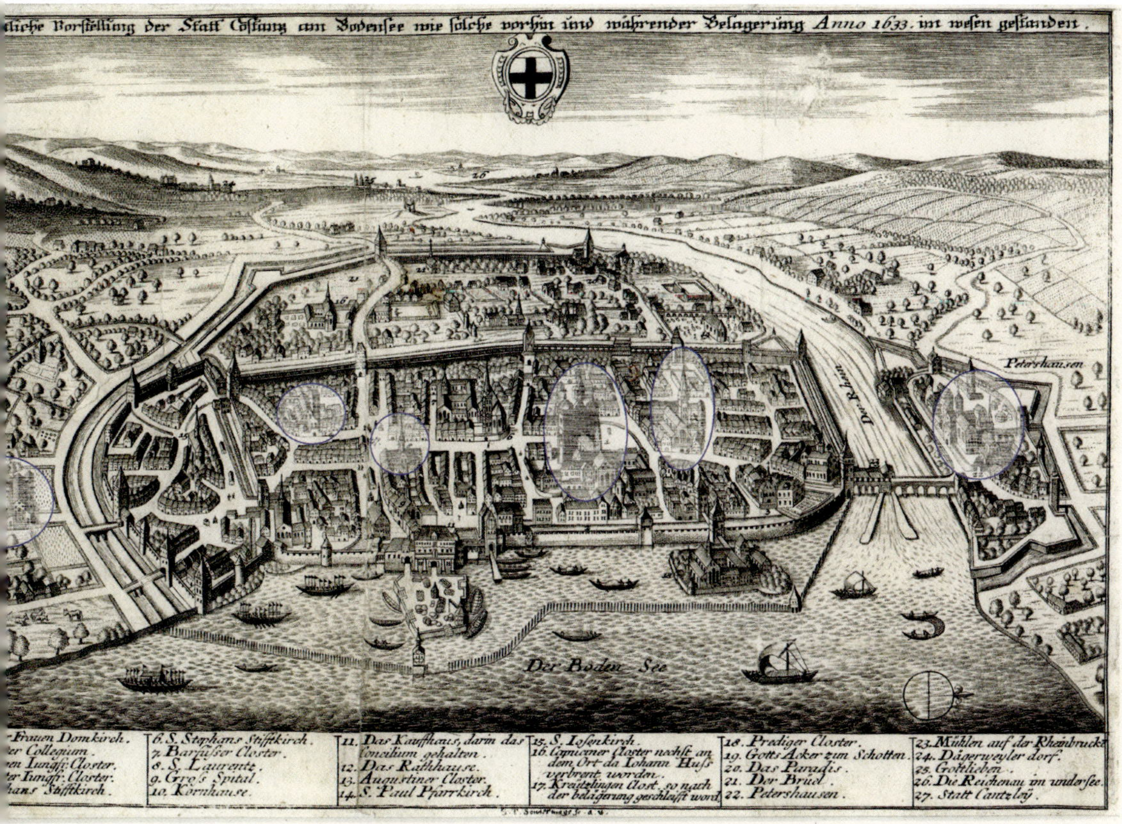

Konstanz und seine stadtrömischen Kirchen

rismusförderung am See sprechen! Das Ziel bestand darin, möglichst viele Wallfahrer in die Bodenseemetropole zu locken. Heute würde man sagen, Pilger waren bzw. sind ein äusserst interessantes Zielpublikum. Sie bringen Geld und oftmals auch Waren mit, die vor Ort umgeschlagen werden. Außerdem müssen sie beherbergt und verpflegt werden. Dass gerade Konrad sich dessen bewusst war, zeigt eine weitere Gründung: Für die in die Stadt kommenden Wallfahrer schuf er ein Hospiz, dem er als Reliquie ein Stück des Kreuzes Christi schenkt: *Crucelin* (kleines Kreuz). Das Gebäude lag im Süden vor den damaligen Mauern. Es bildete die Keimzelle der heutigen Stadt Kreuzlingen (TG). Ab 1050 (siehe S. 32) ergänzten die auf dem sogenannten Schwabenweg reisenden Pilger diesen Strom. Für sie spielte das oben erwähnte Heilige Grab eine besondere Rolle.

vor 1042 de mercatore, vom Fernkaufmann – keine trockene Wirtschaftsgeschichte

Auf den ersten Blick erscheint die Geschichte unwahrscheinlich, zumal sie in verschiedenen Versionen überliefert und als »Sage« bekannt ist: Trotzdem schauen wir sie uns näher an. Die Erzählung zeigt, dass auch die mittelalterlichen Anwohner des Bodensees – ganz in der Tradition ihrer römischen Vorgänger – über den sprichwörtlichen »Tellerrand« hinausblickten. Sie ist eines der frühesten Zeugnisse der Bodensee-Wirtschaftsgeschichte:

Ein schwäbischer Kaufmann aus Konstanz bricht mit kostbaren Waren auf, um über das Meer (nach Nordafrika) zu fahren. Zurück lässt er eine leichtlebige Frau, die sich während seiner mehrjährigen Abwesenheit mit fahrenden Leuten einlässt und ein Kind bekommt. Als der Kaufmann von seiner Reise zurückkehrt, präsentiert ihm die Frau einen kleinen Sohn, was den vermeintlichen Vater natürlich misstrauisch macht. Die Frau versichert ihm aber, sie habe nur eine Wallfahrt (nach Einsiedeln) unternommen, um für seine gesunde Heimkehr zu beten. Während eines tagelangen Sturmes musste sie in einer Gebirgshöhle Schutz suchen. Gegen ihren Durst habe sie Schnee gegessen. Davon sei sie schwanger geworden.

Jahre später bricht der Kaufmann erneut an die Küste Nordafrikas auf. Seinen Sohn nimmt er mit. Reich kehrt er zurück, allerdings ohne Kind. Auf die Frage, was denn passiert sei, erklärt er seiner Frau, sein Schiff sei während eines Sturms gestrandet und sie – die Schiffbrüchigen – anschließend tagelang der gleißenden Sonne ausgesetzt gewesen. Das hätte der von ihm so geliebte Sohn, der Schneegeborene, das Schneekind, nicht überlebt. Vor seinen Augen sei er einfach geschmolzen. Eine andere Version erzählt, der gehörnte Vater habe das Kind für viel Geld an einen Sklavenhändler verkauft.

Wahrheit oder Fiktion? Archäologische Funde sowie spätere Schriftquellen zeigen, dass die Geschichte einen wahren Kern besitzt. Zwischen Nordafrika und dem Bodenseegebiet bestehen schon früh rege Beziehungen. Spätestens Anfang des 13. Jahrhunderts tritt die Bodenseeleinwand als Exportgut hervor, das bis nach Marokko verkauft wird. Die um 1380 (siehe S. 44) erfolgte Gründung der Großen Ravensburger Handelsgesellschaft (oder Gesellschaft der Alemannen) gibt diesem Handel einen institutionellen Rahmen um den See.

Der Nürnberger Textilkaufmann Peter Neumeister

um 1050 Frühe Pilger auf dem Weg zum Heiligen Jakobus

»Der Bodenseeraum war ein wichtiges Eingangstor für die spanischen Jakobustraditionen in Mitteleuropa«, schreibt Klaus Herbers in seinem 2002 erschienen Buch über die Pilgerfahrten und Zeugnisse des Jakobuskults in Süddeutschland. Dieser Mann muss es wissen, denn bei Herbers handelt es sich um den großen Kenner der Wallfahrten zum Grab des Heiligen Jakobus im deutschsprachigen Raum. Bis heute ist das Bodenseegebiet netzartig

Rekonstruktion der Grablege des Grafen Eberhard und der Gräfin Ida von Nellenburg sowie ihres Sohnes Burkhard

von Pilgerwegen überzogen. Der bekannteste von ihnen ist der sogenannte Schwabenweg. Aus dem fränkischen Nürnberg kommend, verläuft er quer durch das alte Herzogtum Schwaben von Norden nach Süden: Ulm–Biberach–Ravensburg–Buchhorn (heute Friedrichshafen) oder Meersburg und schließlich Konstanz. Dort besuchen die Gläubigen die vor dem Dom liegende Mauritiusrotunde mit der Nachbildung des Heiligen Grabes. Auf dessen Rand steht eine Skulptur des Heiligen Jakobus, die mehrere mit Muscheln verzierte Taschen und Pilgerstäbe trägt. Je ein Stück davon übergibt der Heilige symbolhaft den Wallfahrern. Nun tragen sie die Pilgerinsignien und machen sich via Bernrain (TG), Fischingen (TG), Rapperswil (SG) nach Einsiedeln (SZ) auf, von wo der Weg weiter nach Santiago führt.

Wegweiser am Konstanzer Münster

Als erste Pilger nennt Herbers Gräfin Ida (gestorben ca. 1100) und ihren Mann Graf Eberhard (ca. 1015–1080) von Nellenburg. Beide sollen um 1050 in Richtung Santiago de Compostela aufgebrochen sein. Der Überlieferung nach erschien Manegold, ein verstorbener früherer Ritter und späterer Mönch, den Gründern des Schaffhauser Klosters Allerheiligen (SH) im Traum. Dem ihm bekannten Grafen habe er berichtet, er leide ob seines unsteten (Kloster-)Lebens im Jenseits große Qualen. Dies beeindruckte den Grafen und seine Frau derart, dass sie nicht nur Messen für Manegold lesen ließen, sondern sich für ihn auch auf die Pilgerfahrt machten. Nach ihrer glücklichen Rückkehr erschien Manegold erneut und teilte die Rettung seines Seelenheils mit. Daraufhin zogen sich Ida und Eberhard getrennt voneinander in eine geistliche Gemeinschaft zurück.

Der um 1462 entstandene Wandmalereizyklus in der Überlinger Sankt-Jodok-Kirche stellt ein besonders eindrückliches Zeugnis für die Jakobusverehrung am Bodensee, aber auch für die große Tradition der hiesigen Wandmalerei dar.

1153–1183 Ein König, ein Kaiser und zwei Reichstage

Die Szene könnte aus einer Hollywood-Verfilmung stammen: Friedrich, genannt Barbarossa (Rotbart), Herzog von Schwaben, deutscher König und designierter römisch-deutscher Kaiser, berät sich 1153 während eines Reichstags in Konstanz mit seinen Fürsten. Die Versammlung tagt im Münster, die Herren debattieren in aller Ruhe. Plötzlich wird ein Portal der Kathedrale aufgestoßen. Albenard und Homobonus, zwei Kaufleute aus der norditalienischen Stadt Lodi, stürmen herein. Sie tragen ein großes Kreuz, das sie aus einer anderen Konstanzer Kirche mitgenommen haben, und dringen bis zum König vor. Dann werfen sie sich ihm zu Füssen. »In bewegten Worten führten sie Klage gegen das mächtige Mailand, das ihre Vaterstadt Lodi wegen ihrer Ergebenheit gegen das Reich aufs schwerste bedrücke«, schreibt Otto Feger, Chronist der Bodenseegeschichte. Barbarossa reagierte sofort. Er war es leid. Mailand sollte mit anderen befreundeten Städten zur Rechenschaft gezogen werden. Schließlich gehörten sie zum Reich! Auf seinem Romzug zur Kaiserkrönung kam es zu weiteren gegenseitigen Provokationen. Rivalitäten mit dem Papst taten ein Übriges. Die Spirale der Gewalt begann sich zu drehen. Und sie drehte sich sage und schreibe

Der Friedensschluss zwischen Kaiser Friedrich I. Barbarossa und den lombardischen Städten

für die kommenden 30 Jahre. 1158 musste sich Mailand dem Kaiser unterwerfen, der anschließend in Norditalien alte Reichsrechte wiedereinführte. Sie schränkten die gewohnte Selbstbestimmung der dortigen Kommunen stark ein, was diese vielfach nicht hinnehmen wollten. Es folgten vier weitere blutige Italienfeldzüge, gespickt mit gegenseitigen Demütigungen und blutigen Racheakten. Leidtragende waren wie immer die einfachen Menschen. Viele Gefolgsleute des Kaisers stammten vom Bodensee. Nicht wenige davon sahen ihre Heimat nie wieder. Über Barbarossa wurde der Kirchenbann verhängt (er unterstützte einen Gegenpapst), und von Zeit zu Zeit verließ ihn sein Kriegsglück. Ein ewiges Auf und Ab! Schließlich verweigerte ihm 1176 sogar Heinrich der Löwe, sein Vetter aus dem Geschlecht der Welfen (Weingarten, Kreis Ravensburg), die Gefolgschaft. Der Herzog von Bayern und Sachsen zog mit seinen Truppen aus der Lombardei ab. Die folgende Schlacht von Legnano endete beinahe mit einer Katastrophe. Nur mit Mühe konnte sich der Kaiser retten. Barbarossa war gezwungen, in Venedig mit dem lombardischen Städtebund einen Waffenstillstand zu schließen und sich dem Papst zu unterwerfen. 1183, also 30 Jahre nach dem Ausbruch der Streitigkeiten, wurden die Gegensätze im Frieden von Konstanz (vorläufig) beigelegt. Der Kaiser erkannte die Selbstständigkeit der norditalienischen Städte und deren Bündnisse an. Im Gegenzug verpflichteten diese sich zur Heerfolge und akzeptierten den Kaiser formal als ihren obersten Herren. Sie blieben ein wichtiger Teil des Reiches. Lodi ist übrigens noch heute eine der Partnerstädte von Konstanz.

Kaiser Friedrich Barbarossa
mit seinen Söhnen Heinrich und Friedrich

nach 1159 Von Rittern, Mäusen, hungernden Bauern und mordenden Knechten

»Einst war eine große Teuerung im Lande. Da sorgten die Herren ringsum für ihre Leute und gaben ihnen Korn. Die Herren von Güttingen aber, deren Speicher reichlich mit Getreide gefüllt waren, erbarmten sich ihrer Angehörigen nicht. Sie selbst lebten in Saus und Braus. Als nun die Not immer größer wurde, lief das Volk in Scharen zusammen und flehte die Herren um Brot an. Da lockten diese die bettelnden Leute in eine alte Scheune, ließen diese dann durch ihre Knechte schließen und anzünden. Als die Unglücklichen laut wehklagten und um Erbarmen flehten, rief einer der Freiherren höhnend: ›Hört, wie die Mäuse pfeifen!‹ Alle Leute in der Scheune kamen in den Flammen um, aber diese grausame Tat blieb nicht ungestraft. Zahllose Mäuse belästigten alsbald die Burgen der Herren von Güttingen. Da flüchteten diese nach ihrer Wasserburg. Allein, auch dahin verfolgten sie die Mäuse und fraßen sie bei lebendigem Leibe auf. Bald nach dem Tod der Herren von Güttingen versank die Burg in den See.«

Das Wappen der Freiherren von Güttingen, heute das Wappen der gleichnamigen Gemeinde

Sie glauben die Geschichte nicht und wundern sich, dass sie einen Beitrag in diesem Buch wert ist? Arnold Oberholzer erzählte diese alte Sage erstmals 1912. Das Erstaunliche: Die Freiherren von Güttingen gab es tatsächlich, und sie waren während des 12. und bis ins 14. Jahrhundert ein durchaus respektables Adelsgeschlecht am Bodensee. Über 200 Jahre standen sie mit dem Geschick des bischöflichen Hochstifts Konstanz (siehe S. 22) sowie mit den Klöstern St. Gallen und Reichenau (siehe S. 24), Salem (siehe S. 80) und Sankt Katharinental (siehe S. 40) in enger Verbindung – dann keine Nachrichten mehr. Ein letzter Spross soll einfach plötzlich verschwunden sein. Die Suche nach einer Spur von ihnen verläuft sich wortwörtlich im Sand des Sees.

Aber: Vor Güttingen (TG), das heißt vor der Ortschaft, die dem Geschlecht seinen Namen gab, befindet sich im See, ungefähr 240 Meter vom Ufer entfernt, eine kleine Sandbank, die man auch als Insel bezeichnen könnte. Eine kleine »untergegangene« Insel, auf der – das wissen die Fischer, Schiffleute und Einheimischen seit Jahrhunderten, eine kleine Burg steht. Besser gesagt, eine kleine Burg *stand*. Denn viel mehr als eine Art Ruine ist von ihr nicht übriggeblieben: Reste von steinernen Mauern und im Quadrat angeordnete Pfähle. Das Thurgauer Amt für Archäologie hat deren Jahresringe untersucht und – siehe da: Als Baudatum der mittelalterlichen Wehranlage konnte definitiv das 12. Jahrhundert ermittelt werden. Ist die Sage vom Mäuseturm also doch nicht nur eine der vielen schönen Geschichten vom See? »Irgendein wahrer Kern steckt eben doch immer dahinter«, meinen nicht nur die forschenden Archäologen lächelnd, machen aber gleichzeitig einen etwas ratlosen Eindruck, denn: Zwischen mittelalterlichen Fundstücken wie einem entzückenden Glöckchen, einst vermutlich für den sakralen Gebrauch bestimmt, finden sich Reste einer Siedlung aus der späten Bronzezeit und auch römische Spuren tauchen unvermittelt auf. Wie das alles zusammenpasst, wissen die Wissenschaftler heute noch nicht.

Die untergegangene Insel vor Güttingen mit dem Mäuseturm

Sunken City, »versunkene Stadt«, sagt man am Mittelmeer zu solchen Anlagen. Ob es am Bodensee wohl auch einmal zu einer solchen Bezeichnung kommt?

um 1250 Es gibt nichts Vergleichbares! Das Heilige Grab

Nach Barbarossa scheint sich die große Politik nicht mehr so sehr für den Bodensee interessiert zu haben. Ein Glück, denn umso mehr blühen Kunst und Kultur auf. Von Frankreich dringt ein neuer Baustil zu uns: die Gotik. Mit dem Bodenseesandstein (siehe S. 12) besitzen die Bildhauer auch ein Material, mit dem sich bestens arbeiten lässt. Das reizt zu Neuerungen und stachelt zu Glanzleistungen an.

Das zweite Lächeln Europas

Um 1250 hatten die Oberhirten des Bodenseebistums wohl genug vom ottonischen Heilig-Grab-Bau ihres Vorgängers Konrad (siehe S. 28). Sie beauftragten heute unbekannte Baumeister damit, etwas Neues zu errichten. Er oder sie integrierten die ursprünglich vor dem Dom stehende Mauritiusrotunde in den Kathedralkomplex und hoben das Fußbodenniveau der Rundkirche an. In deren Mitte entstand das heute noch zu bewundernde Heilige Grab. Gerade durch seinen komplexen Skulpturenschmuck nimmt es unter den vielfältigen sogenannten Jerusalemkirchen eine besondere Stellung ein. Weltweit gibt es nichts Vergleichbares! Über die Skulptur das Apostels Jakobus wurde bereits gesprochen (siehe S. 32). Neben ihm stehen aber noch elf weitere auf dem Kranz des Innenbaus. Alle tragen eine Bibel in der Hand. Zehn halten das Buch geschlossen, Johannes und Matthäus aber zeigen eine geöffnete heilige Schrift. Judas Thaddäus ist im Begriff, das Buch aufzuschlagen. Zufall? Wie es scheint, die pure Absicht, denn die genannten Heiligen blicken alle in die Richtung eines Bodensee-Pilgerwegs – eine Art Wegweiser also. Damit steht das Grab in der Tradition des sogenannten »Turms der Winde« auf dem Römischen Forum von Athen. Das antike Bauwerk diente ebenfalls als Wegweiser und in spätrömisch-byzantinischer Zeit als Kirche.

Kunstbeflissene kennen den spitzbübisch lächelnden Engel an der Kathedrale von Reims, der gerne als das »Lächeln Europas« bezeichnet wird. Nur wenige wissen aber, dass praktisch zeitgleich auch in Konstanz ein lächelnder Engel entsteht.

Der Konstanzer Bau ist auch im Inneren reich verziert. Besonders bemerkenswert ist die Skulptur eines Apothekers, der für die drei Marien auf ihrem Weg zum Grab die Salben mischt. Nur wer genau hinsieht, entdeckt, dass er in einer Hand das Fragment einer Brille hält – die älteste bildliche Darstellung in Europa. Erinnern die begleitenden Ritter etwa an Tempelherren (Templer), wie zu Beginn des 19. Jahrhunderts formuliert? Wie haben sich die mittelalterlichen Gläubigen bei einem Besuch verhalten? Haben sie – wie in Jerusalem – das eigentliche Grab betreten oder sind sie im Gebet versunken andächtig darum herumgepilgert? Was hat es mit dem Stein auf sich, den der Heilige Konrad von dort mitbrachte? Wo verbirgt er sich?

Es gibt noch vieles zu entschlüsseln!

Blick in das Heilige Grab des Konstanzer Münsters

um 1312 Das Graduale aus dem Kloster von Sankt Katharinental (TG)

Während der Gotik entstanden nicht nur sensationelle Bauwerke rund um den Bodensee. Auch die hier gefertigten Wand-, Glas- und Buchmalereien gehören zu den Spitzenwerken der europäischen Kunst. Ein besonders schönes Beispiel ist das 1312 im Kloster Sankt Katharinental bei Diessenhofen (TG) gefertigte Graduale. Sankt Katharinental war bis zu seiner Auflösung 1869 ein Dominikanerinnenkloster, in dem während des Mittelalters unverheiratete Töchter des Bürgertums und Patriziats Aufnahme fanden. Schon zu Beginn des 14. Jahrhunderts entwickelte es sich zu einem Zentrum der Mystik. Im eigenen Skriptorium entstanden zahlreiche hervorragende Handschriften, darunter das hier vorgestellte Graduale. Dabei handelt es sich um eine Art lateinisches Text- und Notenbuch für Kirchengesänge, die während des Hochamts feierlich vorgetragen wurden. Ein solcher Band steht normalerweise in der Mitte des Chores einer Klosterkirche und ist sehr groß. In diesem Fall 48 x 35 cm. So konnten alle Nonnen den Inhalt selbst aus größerer Entfernung gut lesen und gemeinsam singen.

Die Malereien unseres Graduale gelten als Spitzenleistungen der gotischen Kunst. Das Buch umfasst ein Blatt mit kalendarischen Angaben, dann folgen 626 Seiten, auf denen 71 zierlich gemalte Miniaturen und 13 ornamentale Prachtinitialen verteilt sind. Wann und unter welchen Umständen der Band aus dem Kloster verschwand, bleibt bis heute ungeklärt. Im ersten Drittel des 19. Jahrhunderts wurde er schon als Höhepunkt in der Konzil-Ausstellung des Konstanzer Antiquars und Goldschmieds Johann Castell gezeigt, der damit viele zahlungskräftige Besucher vor allem aus England anlockte. Vielleicht auf diesem Weg geriet das Graduale anschließend nach Großbritannien, wo es sich bis 1958 im Privatbesitz befand. Als das Buch nach dem Tod seines letzten Besitzers versteigert wird, legen der Schweizer Bundesrat, die Gottfried-Keller-Stiftung und der Kanton Thurgau zusammen und kaufen den wertvollen Band zurück. Leider ist er nicht mehr 100 % komplett. Wahrscheinlich war es Johann Castell, der die zwei am reichsten mit Miniaturen versehenen Seiten herausschnitt. Sie wurden weiter zerlegt und befinden sich heute an unterschiedlichen Orten.

Eine Seite aus dem Graduale aus St. Katharinental

Der verbliebene Hauptteil des Graduale wird im Schweizerischen Landesmuseum, Zürich, aufbewahrt. Das Historische Museum des Kantons Thurgau in Frauenfeld zeigt ein Faksimile davon und besitzt eine Buchseite, die von der Hand eines Meisters des Diessenhofener Werkes stammt. Es trägt den Titel »Umbra Aurora« (Schatten der Morgendämmerung).

Unweit davon, im Frauenfelder Ortsteil Oberkirch, in der dem Heiligen Laurentius geweihten heutigen Friedhofskirche, befindet sich ein weiterer völlig unbekannter Höhepunkt der gotischen Kunst: ein Fenster mit Glasmalereien aus der Zeit um 1310. Sie zeigen die Passion Christi und die Verkündigung Mariens.

1312 Der Bund der Bodensee-Städte

Angeregt durch das Bündnis der lombardischen Städte (siehe S. 34) und den Rheinischen Bund von 1254 schlossen sich 1312 die wichtigsten Reichsstädte am Bodensee in einem zunächst für vier Jahre konzipierten Bund zusammen. Konstanz, Zürich, Sankt Gallen und Schaffhausen verfolgten dabei das primäre Ziel, den Landfrieden zu sichern, die Sicherheit auf den Straßen zu gewährleisten und die Wahrung der eigenen Selbstständigkeit gegenüber einem potenziellen weltlichen (Adel) oder geistlichen (Bischof Abt oder Äbtissin) Stadtherren. Eventuelle innere Unruhen sollten durch eine Vermittlung der Bündnispartner geschlichtet werden. Bedrohungen von außen wollte man gemeinsam entgegentreten – eine Art gemeinsame Außenpolitik betreiben. Dieser Schritt schien mehr als notwendig, denn im späten Mittelalter besaß das Reich kaum mehr eine Zentralgewalt.

Was aber waren Reichsstädte eigentlich? Vereinfacht gesagt, handelte es sich dabei um eigenständige Stadtrepubliken, die zumindest nominell nur dem Kaiser unterstellt waren. Ihm bezahlte man eine jährliche Reichs-

Die Stadt Konstanz als »Bauer des Reiches«

steuer. Alle anderen Angelegenheiten regelte die Gemeinde selbst. Sie ernannte Beamte, erhob Abgaben und Zölle, führte Kriege, eroberte oder kaufte sich ein Umland und schloss eben auch Bündnisse. Ganz ähnlich wie Fürsten oder Staaten.

Um den See und in seinem Hinterland gab es viele Reichsstädte. 1315 erweiterten Überlingen und Lindau den ersten Bund. Es folgten Anpassungen und Vergrößerungen. 1331 kam es schließlich zur Gründung des Großen schwäbischen Städtebundes, dem die Bodenseestädte unter der Bezeichnung »Konstanzer Gesellschaft« angehörten. Reichspolitische Umbrüche und interne Rivalitäten sorgten 1349 dafür, dass der Bund langsam auseinanderbrach. Zürich fühlte in Richtung Innerschweiz vor, und Schaffhausen war vom Reich als Pfand an das Haus Habsburg gefallen. 1385 schien eine erfolgreiche Erneuerung des Bundes in greifbarer Nähe. Er richtete sich hauptsächlich gegen die zunehmenden Expansionsbestrebungen des Hauses Habsburg und anderer Adelsgeschlechter. Leider waren die Bemühungen aber nicht wirklich von Erfolg gekrönt. Nur wenig mehr als ein Jahr später brach das Bündnis wieder auseinander. Der Konflikt zwischen der werdenden Eidgenossenschaft und den Habsburgern sorgte für Uneinigkeit. Die an einem Krieg nicht interessierten süddeutschen Städte ließen ihre eidgenössischen Bundesgenossen im Stich.

1389 erneuerte sich dafür aber der »Bund der gemeinen Städte um den See«: Konstanz, Sankt Gallen, Überlingen, Ravensburg, Lindau, Wangen und Buchhorn (heute Friedrichshafen) erklärten, wie Otto Feger in seiner Geschichte des Bodenseeraumes schreibt, »auch weiterhin zusammenbleiben zu wollen, sich gegenseitig gegen jeden Unterdrücker ihrer Freiheit oder bei jeder Beschädigung ihrer Bürger zu unterstützen, Streitigkeiten untereinander friedlich auszutragen und gegenüber dem Reich eine einheitliche Politik, nach vorheriger Beratung, einzuschlagen«. König Wenzel akzeptierte das Bündnis um den See. Für viele (nicht für alle!) Beteiligten konnten so die städtischen Freiheiten für die kommenden Jahrhunderte gesichert werden.

1380 Die große Ravensburger Handelsgesellschaft

Den Gründungsfamilien der Großen Gesellschaft eilt in Fachkreisen ein beinahe mystischer Ruf voraus: Sie seien die Vorbilder der Fugger gewesen, jenes Augsburger Kaufmannsgeschlechts, das ab dem späten 15. bis ins 17. Jahrhundert und noch länger im Heiligen Römischen Reich Deutscher Nation, in Europa und in der damals bekannten Welt die wirtschaftlichen Fäden zog.

Trotzdem sind die Humpis aus Ravensburg, die Mötteli aus Buchhorn (heute Friedrichshafen) und nicht zuletzt die Muntprats aus Konstanz nahezu in Vergessenheit geraten: Obwohl sie viel Geld verdienten, ja, sehr viel Geld sogar! Lütfried II. Muntprat († 1447) bezeichneten Zeitgenossen als den »weitaus reichsten Bürger Schwabens und der Schweiz«.

1380 legten die drei Genannten ihre Familiengesellschaften zu einer großen Vereinigung zusammen. Hauptteil ihrer Tätigkeit war Handel mit der sogenannten *tela di Costanza*, mit Leinwand vom Bodensee also. Anfänglich wurde sie hauptsächlich in Ravensburg, Konstanz, Sankt Gallen und Umgebung produziert, später kauften die Agenten der Gesellschaft den Stoff von Produzenten aus der ganzen Region. So schufen sie die Grundlage für die teilweise noch heute existierende Textilindustrie, wie das Beispiel von Sankt Gallen sehr schön zeigt. Als Absatzgebiete kamen ganz Europa und Nordafrika in Frage. Für den Verkauf nach Norden dienten z. B. die Messen in Frankfurt, Lyon, Genf, Troyes oder auch in Brügge. Der Südhandel wurde über Venedig und Genua abgewickelt, aber vor allem über Spanien. Von dort ging es weiter nach Nordafrika (siehe S. 30) ins heutige Marokko, Algerien, Tunesien, Ägypten und nach Akkon in Syrien. Byzanz bzw. Konstantinopel und das byzantinische Reich spielen genauso eine Rolle wie Kontakte auf die Krim und sogar bis nach Persien. In vielen Städten werden Niederlassungen mit eigenen Handelshäusern (Kontoren) gegründet, die Angestellte aus dem Bodenseegebiet im Auftrag der Gesellschaft betreiben. Neue und immer weitere Geschäftsfelder boten sich an: der Handel mit Gewürzen und Färbemitteln (Safran) etwa oder – mindestens ebenso exklusiv –, der Import der berühmten (roten) Korallen aus dem Mittelmeer. Im

Laufe der Zeit traten immer mehr Familien der Gesellschaft bei und wurden Teilhaber. Sie stammten aus Ravensburg, Konstanz, Biberach, Markdorf, Sankt Gallen, Zürich, Wangen, Isny, Ulm, Kempten, Stein am Rhein und von anderen Orten außerhalb des Bodenseegebiets. Lindau natürlich nicht zu vergessen – aus der dortigen Familie Kröll (oder Krell) hat sich ein einzigartiges Dokument erhalten: das Porträt von Oswald Kröll († um 1534). Kein Geringerer als Albrecht Dürer malte ihn 1499, als er für die Gesellschaft in Nürnberg arbeitete. Das Bild des jungen Mannes zeigt, welches offen zur Schau getragene Selbstbewusstsein die Kaufleute vom Bodensee besaßen. Kröll ließ sich vor einer (korallen-)roten Wand mit einem Gesichtsausdruck voller Entschlossenheit porträtieren. Neben der Wand befindet sich ein Wald aus mediterranen Bäumen, durch den ein Fluss fließt. Er symbolisiert den in und durch die Ferne führenden Handelsweg. Über seinem wohl samtenen Wams trägt der Kaufmann ein kostbares Hermelin. Auf seiner Brust ist eine Kette (aus schwarzen Korallen?) zu sehen, die mit goldenen Ringen und einer roten Perle (aus Koralle?) verziert ist. Zur Entstehungszeit des Bildes hatte die Gesellschaft ihren Zenit aber schon überschritten. Politische und wirtschaftliche Faktoren führten zu einem anhaltenden Niedergang, der durch den Rückzug vieler mittlerweile in den Adelsstand erhobener Hauptakteure unterstützt wurde. 1530 endete die Geschäftstätigkeit – zu einem Zeitpunkt, als die Fugger bereits ihr eigenes Imperium aufgebaut hatten und weltweit erfolgreich agierten.

Bildnis des Lindauer Kaufmanns Oswald Kröll

ab 1401 Die Eidgenossen drängen zum See

Die Schlacht bei Vögelinsegg

Wie immer geht es um Geld, Macht und Einfluss. Wir befinden uns im ausgehenden 14. Jahrhundert: Die Äbte von Sankt Gallen, zu deren Machtbereich das Appenzell gehörte, versuchten dort längst vergessene alte Herrschaftsrechte und Abgaben wiederzubeleben. Dies führte zu erheblichem Wiederstand der Landbevölkerung. Dem schloss sich die Reichsstadt Sankt Gallen an. Ihr war das gleichnamige Kloster und seine Politik schon länger ein Dorn im Auge, besser gesagt ein »Stachel im Fleisch«, denn es lag ja mitten im Stadtgebiet, und sein Territorium schloss wiederum die Stadt ein. Der Bund der Bodenseestädte (siehe S. 42), zu dem die Beteiligten gehörten, vermittelte im Konflikt, was zur Folge hatte, dass sich Sankt Gallen aus dem Bündnis mit den Appenzellern zurückzog. Diese gaben aber nicht auf, sondern suchten außerhalb nach Verbündeten. Im eidgenössischen Ort

Schwyz fanden sie einen solchen. Er nahm sie in sein Landrecht (hier wohl eine Art von Schutz- und Trutzbündnis) auf und führte sie militärisch zu einem ungeheuren Erfolg. In der Schlacht bei Vögelinsegg erlitt der durch die Reichsstadt Konstanz unterstützte Abt von Sankt Gallen eine verheerende Niederlage.

Sein Bündnis brach anschließend auseinander. Im Haus Habsburg, das eigene regionale Interessen vor allem in Richtung Thurgau verfolgte, bot sich ein neuer Verbündeter an. Die Eidgenossen, mittlerweile in einem 20-jährigen Frieden mit den Habsburgern verbunden, schieden aus dem Konflikt aus. Trotzdem gelang es den Appenzellern auch weiterhin militärisch erfolgreich zu sein. Beflügelt durch ihre Erfolge gründeten sie den sogenannten »Bund ob dem See« (zunächst bestehend aus Appenzell, Hundwil, Urnäsch, Trogen, Teufen, Speicher, Gais und der Reichsstadt St. Gallen – später folgten weitere Gemeinden und Regionen wie z.B. Feldkirch oder das Montafon), der die gesamte Region mit blutigen Raubzügen überzog. Dabei wurde besonders der habsburgische Thurgau zum Ziel der Plünderungen.

Das rief den schwäbischen Ritterbund Sankt Jörgenschild (= Schild des Heiligen Georg) auf den Plan, der den Bund ob dem See im Januar 1408 in der Nähe von Bregenz besiegte. Trotz Vermittlungsversuchen des deutschen Königs und der Eidgenossen weigerten sich die Appenzeller aber weiterhin, Zahlungen an den Abt von Sankt Gallen zu leisten. In der Folge wurde über sie nun nicht nur die Reichsacht, sondern auch der Kirchenbann verhängt. Unter der Führung des Grafen Friedrich von Toggenburg kam es zu einer Entscheidungsschlacht in der Nähe von Herisau (AR). Die Appenzeller unterlagen. Trotzdem konnten sie im 1429 geschlossenen Frieden von Konstanz ihre Selbstständigkeit und ihr Bündnis mit den Eidgenossen bewahren.

Obwohl das 15. Jahrhundert hauptsächlich durch unsägliche Kriege und brutale Vergeltungsmaßnahmen zwischen immer wieder wechselnden Bundesgenossen geprägt zu sein schien, ist es doch gleichzeitig auch einer der Höhepunkte der Bodensee-Geschichte. Das Konstanzer Konzil (siehe S. 50) schrieb Weltgeschichte. In den Städten rings um den See entstanden Kunstwerke von europäischem Rang, der Leinwandhandel blühte, Baumeister schufen sakrale und profane Gebäude, die bis zum heutigen Tage begeistern.

1412 Von Bodensee-Piraten und Raubrittern

Unsere Geschichte dreht sich zunächst um die Burg Grimmenstein bei Walzenhausen (AR) ob Rheineck (SG) und ihre Besitzer, die Freiherren von Enne (manchmal auch von End genannt). Im Laufe der Zeit zieht sie aber immer weitere Kreise. Schließlich ist der Bund der Bodenseestädte (siehe S. 40) und die Rittergesellschaft Sankt Georgenschild involviert. So halten die Beteiligten für knapp 20 Jahre die gesamte Bodenseeregion in Atem.

Die Brüder Wilhelm und Georg von Enne überfallen von ihrer Burg aus immer wieder Kaufleute und Privatpersonen. Warum sie das genau taten, ob aus Raublust oder Rachsucht, bleibt bis heute ungeklärt. Andere Beispiele legen allerdings nahe, dass solche Aktionen in der Regel mit der schlechten finanziellen Lage des Ritterstands im späten Mittelalter zusammenhingen.

Wie dem auch sei: Bei einem 1412 erfolgten Überfall auf den Konstanzer Bürgermeister Ruch erbeuteten die Brüder von Enne eine Ladung von 20 000 Schindeln, die sie zur Wiederherstellung ihrer heruntergekommenen Liegenschaft einsetzen wollten. Das misslang gründlich. Ein Gericht verurteilte sie zur Rückgabe des Baumaterials. Die beiden weigerten sich aber, aus der Situation zu lernen. Wenige Jahre später (1416) überfielen sie ein mit Korn und Handelsgütern beladenes Schiff aus Feldkirch (VBG) und schleppten ihre Beute wieder nach Grimmenstein. Als die Nachricht davon in Konstanz eintraf (mittlerweile tagte dort das Konzil, siehe S. 50), wurde Georg, der sich aufgrund der Kirchenversammlung in der Stadt aufhielt, verhaftet und ins Gefängnis geworfen. An seinem Diener Jörg statuierte man sofort ein Exempel und ertränkte ihn im See. Da die von Ennes den Landfrieden gebrochen hatten, verloren sie die Rechte an ihrer Burg. Truppen der Bodenseestädte rückten an, brannten die Anlage nieder und schleiften deren Mauern. Nach seiner Freilassung war Georg von Enne gezwungen, seine Herrschaft oberhalb des Rheintals zu verkaufen. Seine Familie verarmte zusehends und Georg verdingte sich als Söldner bei den Deutschordensrittern in Preußen.

Zehn Jahre später wieder an den See zurückgekehrt, sah er eine Möglichkeit zur Rache: Zusammen mit 15 berittenen Standesgenossen überfiel von Enne bei Allensbach (Kreis Konstanz) den Konstanzer Bürger Ulrich Schatz und dessen Sohn Konrad. Beide wurden auf die elsässische Burg Rappoltstein (Rappoltsweiler/heute Ribeauvillé, F) verschleppt. Der Vater starb während der Haft im dortigen Kerker. Ein vom Bodensee stammender Mönch des Augustiner-Klosters in Kolmar konnte den vor der Burg liegenden Leichnam bergen und sorgte unter abenteuerlichen Bedingungen dafür, dass er in der Konstanzer Augustinerkirche beerdigt wurde.

Mahnende Erinnerung an die Raubritter: Bergfried der 1442 zerstörten Burg von Tengen

Nachdem das Hofgericht in Rottweil mehrere am Überfall beteiligte Ritter für vogelfrei erklärt hatte und sich Herzog Ulrich von Urslingen auf die Seite von Ennes stellte, kam es zu einer Vielzahl von Kämpfen zwischen den Bodenseestädten und dem umliegenden Adel.

Dabei handelte es sich um keinen Einzelfall. Immer wieder kamen rund um den See solche Geschichten vor. So im Mai 1441 am Untersee. Kaufleute aus Ulm und anderen Städten reisten mit Lastkähnen von der Pfingstmesse aus Genf zurück. Bei Stiegen (heute Öhningen, Landkreis Konstanz) wurden sie auf dem Wasser überfallen. Die Beute der Ritter war so groß, dass es für den Abtransport 50 Bauern und 200 Wagen bedurfte. Von Überlingen aus rächte sich der Städtebund, marschierte in den Hegau und besiegte die Ritter. Hauptleidtragende war einmal mehr die eigentlich unbeteiligte Landbevölkerung.

1414–1418 Weltgeschichte mit Schönheitsfehlern? Das Konstanzer Konzil

Offiziell wird er als Chronist bezeichnet, Tobias Engelsing, Direktor der Städtischen Museen von Konstanz, nennt ihn einen »spätmittelalterlichen Boulevardjournalisten« und hat damit sicher Recht. Von wem die Rede ist? Von Ulrich Richental, dem Autor der wohl farbigsten Aufzeichnung des größten mittelalterlichen Kongresses. Ohne ihn wüssten wir nur wenig über den Alltag in diesen Jahren.

Die ganze damals bekannte Welt gab sich am Bodensee ein Stelldichein, nachdem der römisch-deutsche König Sigismund und Papst Johannes XXIII. dorthin eingeladen hatten – genauer gesagt nach Konstanz. Aber auch das trifft es nicht ganz genau, denn ohne das Hinter- und Vorland der Stadt hätte das Konstanzer Konzil nie stattfinden können. Das sah auch schon Richental so. Nicht umsonst beginnt er seine Beschreibung damit, dass er mit den päpstlichen Gesandten vor Beginn der Kirchenversammlung erst einmal durch den Thurgau ritt. Dank seiner fruchtbaren Landstriche, kleinen Städte und Dörfer überzeugte er die sogenannten *exploratores* (Kundschafter) schon nach wenigen Meilen. Sie hatten keinen Zweifel mehr daran, dass das Bodenseegebiet diese Herkules-Aufgabe meistern könne.

Um was es ging? Um nichts Geringeres als die Einheit der Kirche, die Reinheit ihrer Lehre und – soweit wie möglich – eine Reformation an Haupt und Gliedern: 1414 beanspruchten gleich drei Päpste die Führung der römischen Kirche. Jan Hus, ein aus Böhmen stammender Priester, verbreitete zusammen mit seinem Glaubensbruder Hieronymus von Prag reformatorische Thesen, und in allen Bereichen der Kirche gab es drängenden Reformbedarf.

Ständig reisten Konzilsteilnehmer an und ab – auf dem Landweg, auf dem Seeweg, zu Pferd, zu Fuß oder mit dem Schiff. Sie kamen aus aller Herren Länder, aus Spanien, Italien, dem Byzantinischen Reich, England, Frankreich, Skandinavien, ja sogar Vertreter des osmanischen Sultans sollen anwesend gewesen sein. Aus ihren Heimatländern brachten sie Sitten und Gebräuche mit, der See wurde wie in römischer Zeit zum Schmelztiegel der Kulturen. Das ein oder andere davon blieb bis heute erhalten. Die Besucher nutzten den Rhein und das Umland als Verkehrsweg. Sie wohnten nicht nur in Konstanz, sondern auch in Überlingen oder auf der Insel Mainau. Wenn das Konzil sich vertagte, lustwandelten die Teilnehmer in den Gärten am See oder sie durchforsteten die zahlreichen Klosterbibliotheken nach Manuskripten antiker Schriftsteller. In Sankt Gallen oder auf der Reichenau wurden sie fündig. Die Habsburger verloren durch eine politische Fehlentscheidung ihres Herzogs den Thurgau und Aargau sowie – besonders schmerzlich dabei – sogar ihre dort befindliche Stammburg gleichen Namens.

Am Ende des Konzils schien die Welt zumindest teilweise wieder in Ordnung: An der Spitze der Kirche stand mit Martin V. ein einzelner Papst. Jan Hus und Hieronymus von Prag waren verbrannt worden, Problemlösung auf mittelalterlich. Herzog Friedrich IV., genannt Friedl mit der leeren Tasche, unterwarf sich seinem königlichen Cousin. Das alles war aber nur vordergründig. In den Hussitenkriegen wurden die reformatorischen Ideen weitergetragen, eine Reformierung der Kirche fand kaum statt, schon bald kam es wieder zu extremen Spannungen. Nicht einmal mit der Orthodoxie konnte eine Einigung herbeigeführt werden. Auch für die Konstanzer gab es ein böses Erwachen. Der plötzlich aufgetretene Reichtum hatte sie verführt, ihre wirtschaftlichen Grundlagen zu vernachlässigen. Sie verloren ihre angestammte Führungsrolle an andere Seestädte. Schließlich etablierte sich die Eidgenossenschaft als Regionalmacht. 1460 und 1499 (siehe S. 58) setzte sie sich am südlichen Seeufer fest.

Herzog Friedrich IV., genannt Friedl mit der leeren Tasche, bittet den König um Gnade.

ab 1436 Der Thurgau als blutiges Schlachtfeld

Das ganze 15. Jahrhundert stand am Bodensee für eine Neuordnung der politischen Verhältnisse (siehe S. 46). Dabei handelte es sich um einen dynamischen Prozess, der eigentlich erst durch die Auflösung des Bistums Konstanz (siehe S. 22 und 90) sein Ende fand.

Während des Konstanzer Konzils (siehe S. 50) hatte der Habsburger Herzog Friedrich IV. den abgesetzten Papst Johannes XXIII. unterstützt und ihm zur Flucht verholfen. Daraufhin verhängte König Sigismund die Reichsacht über ihn. Der Herzog verlor große Teile seiner Stammlande am Bodensee und – schlimmer noch – das Landgericht im Thurgau. Es gehörte nun nach Konstanz. Ein Machtvakuum war entstanden. Die Eidgenossen nutzten dies vortrefflich aus. Ihr Ziel bestand in der immer weiteren Ausdehnung ihres Machtbereichs nach Norden. Bis sie am Bodenseeufer angelangt waren, bedurfte es mehrerer blutiger Kriege, in deren Verlauf vor allem die Bevölkerung im Thurgau große Opfer zu beklagen hatte.

Herzog Friedrich IV.

Zunächst war da der sogenannte Alte Zürichkrieg (1436–1450), der zwischen Zürich und Schwyz um die Nachfolge in der Grafschaft Toggenburg geführt wurde. Es folgte der Plappartkrieg (1458), so genannt, da auf einem Schützenfest in Konstanz ein Luzerner verhöhnt wurde, der mit einem *Plappart*, einer Münze mit dem Berner Bär, bezahlen wollte. Einige Konstanzer bezeichneten den Bären als Kuh, eine der schlimmsten Beleidigungen im Mittelalter. Der Streit eskalierte. 3000 Eidgenossen zogen von Winterthur

Auf ihrem Marsch von Diessenhofen nach Fussach zerstören die Eidgenossen das Land

Richtung Diessenhofen (TG), Weinfelden (TG) und Konstanz. Dabei verwüsteten sie Äcker, Weinberge, Dörfer und Burgen. Erst auf Vermittlung des Bischofs und nach der Zahlung eines Lösegelds zogen sie wieder ab. 1460 rückten sie erneut vor. Diesmal ging es um die wenigen verbliebenen Rechte der Habsburger, genauer gesagt die Landvogtei. Frauenfeld (TG) kapitulierte, Fussach (VG) wurde erobert, Bregenz und Dornbirn (beide VG) bezahlten Lösegeld und konnten sich so vor einer Zerstörung retten. Diessenhofen (TG) ergab sich. Nur Winterthur leistete erfolgreich Widerstand. Im darauffolgenden Friedensvertrag erhielten die Eidgenossen die Herrschaft über die Landvogtei für die folgenden 15 Jahre zugesprochen. Dabei handelte es sich aber nur um einen Teilerfolg. Denn das eigentliche Herrschaftsinstrument war das Landgericht. Das gehörte aber nicht mehr den Habsburgern, sondern der Reichsstadt Konstanz. Es bedurfte einer letzten besonders blutigen Auseinandersetzung (siehe S. 58), deren Schlachtfelder sich entlang des gesamten Bodensee-Südufers bis nach Basel erstreckten.

nach 1453 Der sogenannte »Feldbach-Code« gibt Rätsel auf

Auf den ersten Blick scheint die Sache ganz einfach: Vor uns steht ein dreiteiliger Flügelaltar aus der zweiten Hälfte des 15. Jahrhunderts, gemalt in Mischtechnik auf Fichtenholz. Als Autor gilt ein unbekannter Meister, der niederländisch geschult war und sehr gute topografische Kenntnisse des Bodenseeraums hatte. Der Altar wurde 1848 bei der Auflösung des Klosters Feldbach bei Steckborn (TG) in einem Abstellraum gefunden. Ähnlich wie bei Sankt Katharinental (Diessenhofen, TG, siehe S. 40) handelte es sich auch bei diesem Konvent um ein Frauenkloster mit engen Verbindungen zu den Reichsstädten am See.

Schaut der Betrachter genau hin, entpuppt sich vor seinen Augen eine Art Bilderrätsel. Auf der Mitteltafel der Innenseite sind Christus am Kreuz mit Maria und Johannes dem Täufer (links) und dem Evangelisten Johannes und der Heiligen Katharina von Alexandria (rechts) dargestellt. Dahinter sieht man eine Küstenlandschaft, die an Konstanz mit dem Obersee erinnert. Auch ein mit Leinenballen beladenes Fuhrwerk stellt eine Verbindung zum Bodensee (siehe S. 44) her, und schließlich gibt es noch eine männliche Figur, die ein Konstanzer Wappen auf der Brust trägt. Das alles klingt recht eindeutig. Wenn nicht, ja, wenn nicht in der vermeintlichen Stadt Konstanz ein riesiges Minarett mit Halbmond stehen würde und auf dem »See« Schiffe mit osmanischen Fahnen verkehrten. Zeichen des Islam auf einem christlichen Altar und auf gleicher Höhe mit dem Gekreuzigten? In der Tat! Wie es scheint, stellt das Bild aus Feldbach ein bis heute einzigartiges Beispiel für religiöse Toleranz nicht nur am Bodensee dar. Dabei spielen zwei Protagonisten eine Hauptrolle. Sultan Mehemed II. (1432–1481), der Eroberer, und Papst Pius II. (eigentlich Enea Silvio Piccolomini, 1405–1464). Beide stehen dem Humanismus nahe und nähern sich an. Pius schreibt an Mehemed: »Es gibt viele Punkte, über die Christen und Muslime einer Meinung sind: Ein Gott, der Schöpfer der Welt; ein Glaube an die Notwendigkeit des Glaubens; ein späteres Leben mit Belohnungen und Bestrafungen; die Unsterblichkeit der Seele; der gemeinsame Gebrauch des Alten und des Neuen Testaments – all das sind gemeinsame Grundlagen.« Dieser Papst wird uns in Überlingen (siehe S. 56) überraschend begegnen.

Mitteltafel des Feldbacher Altars

Konstanz und Konstantinopel. Die beiden Städte werden aufgrund der Ähnlichkeit ihrer Lage und des Namens oft miteinander verglichen. 1453 eroberten die Osmanen das ebenfalls als Zweites Rom und Zweites Jerusalem bezeichnete Byzanz, nachdem eine Vereinigung der Christenheit auf dem Konstanzer Konzil (siehe S. 50) gescheitert war und die Westkirche keine militärische Unterstützung für die Bedrängten schickte.

Vieles spricht dafür, dass im Hintergrund des Bildes die dramatische Lebensgeschichte eines Leinwandhändlers vom Bodensee dargestellt ist. Elemente vom christlichen Bodensee vermischen sich mit ebensolchen vom mohammedanischen Bosporus. Die genauen Zusammenhänge aber harren ihrer Erforschung, bis zur endgültigen Entschlüsselung des Feldbach-Codes braucht es noch einige Zeit. Klar ist, dass der Künstler des Werks vertieftes Wissen aller Art besaß und ein Meister seines Fachs war. Er kannte die philosophischen und künstlerischen Strömungen seiner Zeit. Umso erstaunlicher ist es, dass dieser Höhepunkt der Spätgotik kaum Bekanntheit genießt.

Wer den Altar in Ruhe betrachten und die Details genau studieren möchte, kann dies im Historischen Museum Thurgau (Frauenfeld) tun.

1459 Promiarzt und Vordenker – Andreas Reichlin von Meldegg

Um das Jahr 1402 wurde am Bodensee ein Wunderkind seiner Zeit geboren: Andreas Reichlin von Meldegg. Er entstammte einer wohl aus Überlingen (Bodenseekreis) stammenden Familie, der Vater arbeitete allerdings als Arzt in Konstanz und starb, als sein Sohn erst sieben Jahre alt war. Andreas immatrikulierte sich schon in jungen Jahren an der Universität Heidelberg. Zu seinen Kommilitonen zählte der später berühmte Humanist und Kirchenlehrer Nikolaus von Kues (1401–1464). Sein Medizinstudium schloss er mit nur 23 Jahren und der Doktorwürde in Padua ab. Danach kehrte er über die Alpen in seine Heimat zurück.

1433–1444 nennen ihn die Quellen als »Doctor der Künste und der Medizin« sowie als vereidigten Hof- und Stadtarzt von Konstanz. Vielleicht spielten Jugenderinnerungen an das Konstanzer Konzil (siehe S. 50) eine Rolle und bewegten Andreas dazu, immer wieder auf dem mittlerweile nach Basel einberufenen Nachfolgekonzil (1431–1449) präsent zu sein. Oder lockte ihn sein Freund Nikolaus von Kues dorthin? Der arbeitete mittlerweile als hochrangiger Diplomat in päpstlichen Diensten und war seinerseits befreundet mit dem kaiserlichen Berater Enea Silvio Piccolomini (1405–1464), der später als Papst Pius II. (siehe S. 54) in die Geschichte einging. Andreas war wahrscheinlich schon auf dem Konzil von Konstanz mit den Ideen des Humanismus in Kontakt gekommen, nun verstärkten sie sich in Basel. Schon bald schuf er sich einen

Wappen der Familie Reichlin von Meldegg

Das Reichlin-von-Meldegg-Haus

herausragenden Namen, nicht nur als Mediziner, sondern auch als Philosoph. Kaiser Friedrich III. (1415–1493) ernannte ihn zu seinem Leibarzt, genauso wie die Päpste Pius II. und Paul II. (eigentlich Pietro Barbo, 1417–1471).

1455 gab Andreas aus unbekannten Gründen sein Konstanzer Bürgerrecht auf und zog nach Überlingen. Der dortige Rat war sich der großen Ehre wohl bewusst und gewährte ihm alle erdenklichen Privilegien. Nur wenige Jahre später (um 1460) begann der »wohlgelehrte und weise Meister Andreas Richlin, Doctor der freien Künste und der Arznei« auf dem heutigen Luzienberg mit dem Bau eines sensationellen Stadtpalastes, einer Villa nach dem Vorbild des päpstlichen Palazzo Piccolomini in Pienza (IT). Vergleicht man beide, so hat man tatsächlich den Eindruck, dass Andreas den Palast seines päpstlichen Vertrauten bewusst kopierte. Fassade, Grundriss, Innengestaltung bis zu den hängenden Gärten mit Weinstöcken und der grandiosen Aussicht, alles erinnert stark an Pienza. Es erinnert nicht nur, sondern trägt auch die Handschrift eines weiteren Humanisten, der auf dem Konzil von Basel präsent war: Leon Battista Alberti (1406–1472). Mit seinen auf Ideen der Antike basierenden »Zehn Büchern über die Baukunst« schuf er die Grundlagen für die Architektur der Renaissance.

Andreas Reichlin von Meldegg war dreimal verheiratet. Bis zu seinem Tod (1477) lebte und arbeitete er in Überlingen. Seine sterblichen Überreste ruhen im Bruderchor des Salemer Münsters. Im späten 17. Jahrhundert musste die Familie ihr Haus verkaufen. Seit 1913 ist darin das Museum Überlingen untergebracht, eine der ältesten und größten kulturhistorischen Sammlungen der Bodenseeregion. Unbedingt sehenswert!

1499 Keine Gefangenen! Der Schwaben- oder Schweizerkrieg

Im Verlauf des 15. Jahrhunderts gestalteten sich die Herrschaftsverhältnisse rund um den Bodensee komplex, um nicht zu sagen unübersichtlich (siehe S. 52). Unter dem Mantel des Heiligen Römischen Reiches Deutscher Nation standen sich nördlich und südlich des Sees zwei regionale Machtblöcke gegenüber: die Eidgenossenschaft und der Schwäbische Bund, Letzterer immer stärker vom Haus Habsburg und seinen Interessen als Lokalmacht dominiert. Grundsätzlich richteten sich die beiden Bündnisse nicht gegen das Reich und auch nicht gegeneinander. Sie verfolgten eigentlich sogar ähnliche Interessen, aber unter einem jeweils subjektiven Blickwinkel.

Den Stein ins Rollen für diesen letzten – fast möchte man sagen – Bürgerkrieg am Bodensee brachten die Reichstage von Worms 1495 und Lindau (BY) 1496/97. König Maximilian I. (aus dem Hause Habsburg) strebte eine komplette Reichsreform an. Nach dem Vorbild der anderen europäischen Nationalstaaten Frankreich und England wollte er auch das Reich enger zusammenfassen. Ein ewiger Landfriede, ein zentrales verbindliches Reichskammergericht, die Schaffung einer Reichssteuer zur Deckung der Reichsausgaben und eine Art Reichsregierung standen zur Debatte. Ideen, die aus heutiger Sicht durchaus vernünftig klingen, damals aber weitgehend auf Ablehnung stießen. Der Lindauer Reichstag endete mehr oder weniger ergebnislos, oder besser gesagt als Desaster. Besonders die Eidgenossenschaft und die Reichsfürsten hatten keinerlei Interesse, wären doch ihre vermeintlich uralten Freiheiten (zugunsten der Habsburger, wie sie meinten) beschnitten worden. Zusammen mit den unklaren Machtverhältnissen im Thurgau eine brisante Situation, zumal die Innerschweizer einen Beitritt der Konstanzer zur Eidgenossenschaft verhinderten.

Die Kampfhandlungen begannen nicht – wie eigentlich erwartet – am See, sondern entzündeten sich an einer Auseinandersetzung zwischen Tirol und Graubünden. Beide Seiten riefen ihre Bundesgenossen zu Hilfe. Zwischen Vinschgau (heute IT) und Sundgau (heute F) wurde in kurzer Zeit aufmarschiert. Die Vermittlungsversuche der Bischöfe von Konstanz und Chur stießen ins Leere. Nach Scharmützeln im Rheintal kam es bei Hard (VBG)

Schlacht bei Hard, Detail aus der Karte des Schweizerkrieges (Meister P.P.W.)

zur ersten Schlacht – eine verheerende Niederlage für den Schwäbischen Bund. Die Eidgenossen zogen das Umland plündernd wieder ab. Nahezu gleichzeitig fielen sie von Zürich aus im Hegau ein, wo Dörfer und Städte verbrannt wurden. Getreu den Anweisungen der Tagsatzung sollten im Gefecht keine Gefangenen gemacht werden, sondern alle Feinde totgeschlagen, wie es »der fromme Altvordere Brauch« gewesen sei. Weitere Kampfhandlungen folgten, die alle von der Überlegenheit der straff geführten und hochmotivierten eidgenössischen Kriegsknechte geprägt waren. Die überlegene Taktik der Eidgenossen zeigte sich auch während der sogenannten Schlacht von Schwaderloh (eigentlich Triboltingen TG). Nach anfänglichen Erfolgen bei Ermatingen und Mannenbach (beide TG) wurde das Heer des Schwäbischen Bundes vor den Toren von Konstanz vernichtend geschlagen. Die Kampfhandlungen verlagerten sich nun wieder in Richtung Vorarlberg, wo es bei Frastanz (VBG) zu einer erneuten Niederlage des Bundes kam. Anschließend bildeten der Klettgau (SH und ZH), wieder der Hegau (KN) und schließlich der Sundgau (heute F) das blutige Schlachtfeld.

Dann hatten die gnadenlosen Kämpfe beide Seiten erschöpft. Im Frühherbst wurden in Schaffhausen erste Verhandlungen aufgenommen, die im Frieden von Basel endeten.

1507 Europa zu Gast am Bodensee – ein letztes Mal! Der Reichstag von Konstanz

Trotz – oder vielleicht sogar wegen – des großen Blutvergießens (siehe S. 58) und aller gegenseitiger Schmähungen drehte sich das Rad der Geschichte nur wenige Monate später erneut. Zu Anfang des Jahres 1500 schlug der Abt des Klosters Sankt Gallen der Tagsatzung vor, Konstanz als vollberechtigten eidgenössischen Ort aufzunehmen und der Stadt das Landgericht über den Thurgau wieder zu übergeben. Die weiteren Verhandlungen wurden in der Konstanzer Bischofspfalz geführt, der amtierende Bischof Hugo von Hohenlandenberg stammte aus der Nähe von Winterthur (ZH) und sympathisierte immer wieder mit den Eidgenossen. Kein Wunder, dass besonders Zürich die Interessen der Konstanzer vertrat. Allerdings gab es auf beiden Seiten Vorbehalte gegen den Beitritt. Die Innerschweizer opponierten weiter gegen Konstanz und dort standen die Zünfte der Sache eher kritisch gegenüber. Sie verrieten die Pläne an König Maximilian.

Der Habsburger war hin- und hergerissen. Einerseits stand es für ihn und seine Berater außer Frage, dass Konstanz nicht dem Einflussbereich seiner Familie entgleiten durfte. Andererseits brauchte er die Hilfe der Eidgenos-

sen, um einen »Romzug« durchführen zu können. Dort wollte er sich vom Papst zum Kaiser krönen lassen. Der König griff zu einer List: Er versprach – ohne konkret zu werden – den Konstanzern alles, was diese hören wollten und berief für 1507 einen Reichstag in die Stadt ein. Dort beabsichtigte er über europäische Politik zu verhandeln. Das schmeichelte der nach dem Schwabenkrieg geschundenen Seele aller Beteiligten. Außerdem verfolgte Maximilian das Ziel, durch den Glanz einer solchen Versammlung die Besucher und vor allem die Einheimischen zu beeindrucken. Vielleicht könnte er so verhindern, dass sie sich weiter den Eidgenossen annäherten. Er setzte alles daran, einen möglichst gut besuchten und prunkvollen Reichstag abzuhalten. Neben politischen Verhandlungen und Beratungen kamen dabei auch Lustbarkeiten nicht zu kurz. Liest man das Programm, meint man das Konstanzer Konzil lebe wieder auf: ungezählte Turniere, Wettschießen, Belehnungen, Festessen, Prozessionen und festliche Umzüge mit Musikern standen auf der Tagesordnung. Lustbarkeiten in den bekannt schönen Gärten rings um die Stadt sind eingeschlossen. Also profitieren auch der Thurgau und das Umland wieder.

Maximilians Kalkül ging absolut auf! Eine Vielzahl von Besuchern, darunter auch die Vertreter der Eidgenossen und Gesandte aus aller Herren Länder, kamen und prägten ab dem Februar 1507 das Stadtbild. »Vil seltzamer lut, als singer, springer, sprecher, goukler, furzer und ander abenturer [...]«, schreibt Beatus Widmer in seiner Chronik. Die Eidgenossen erklärten offiziell, »dass es nie ihr Wille und ihre Meinung gewesen sei, die kaiserliche Krone sowie die Ehre und Würde der deutschen Nation (von welchem Blut und welcher Herkunft die Eidgenossen seien) in die Hände Frankreichs zu geben«. Außerdem unterstützten sie als »treue Deutsche« den Römerzug und die Kaiserkrönung Maximilians in Rom. Dafür forderten sie aber Garantien des Hauses Habsburg und des Reichs. Der König war entzückt und überschüttete die Boten mit Großzügigkeiten. Die Machtverhältnisse am Bodensee – sollten sie ihn je interessiert haben – waren in Vergessenheit geraten.

Kurze Zeit später passierte das mit allen anderen Vereinbarungen übrigens auch. Auf der anschließenden Tagsatzung in Zürich wandten sich die Eidgenossen wieder dem König von Frankreich zu. Maximilian hatte mit der Einlösung seiner Versprechen zu lange gewartet. Die Trennung des Bodensees zwischen Schwaben und Schweizern manifestierte sich.

1508 Profane Wandmalereien – Wein, König, Weib und Wahrheit

Einer der größten und zugleich auch unbekanntesten Schätze der Bodenseeregion sind ihre vielfältigen und zeitlich übergreifenden Wandmalereien. Ganz gleich, ob es sich um Darstellungen aus der Romanik, z.B. Sankt Sylvester in Goldbach (Überlingen/Bodenseekreis), die Kirchen auf der Insel Reichenau (Kreis Konstanz) oder Sankt Nikolaus in Degenau (Kanton Thurgau), handelt, oder um Werke aus der Gotik wie im Haus Zur Kunkel (Konstanz), im Museum Humpis-Quartier (Ravensburg), in der Heiligkreuz-Kirche von Wiesendangen (Kanton Zürich) oder in der Sankt Peterskirche in Lindau – alle Werke beeindrucken ihre Betrachter bis heute und sind in einer solchen Fülle vorhanden, dass es eines eigenen Buches bedarf, um ihnen gerecht zu werden.

Trotz aller mörderischer Bürgerkriege des 15. Jahrhunderts erlebte das Kunstschaffen am Ausgang des Mittelalters noch einmal einen Höhepunkt, der bis ins beginnende 16. Jahrhundert eindrang. Über die Konzilien von Konstanz (siehe S. 50) und Basel gelangten die Ideen des Humanismus an den See und fanden auch hier in Kunst, Literatur und Bauwerken reichen Niederschlag. Zu denken wäre an das Alte Rathaus in Lindau oder die Häuser Zur Katz und Zur Salzscheibe in Konstanz, das Reichlin-von-Meldegg-Haus in Überlingen (siehe S. 56), die Schlösser Heiligenberg (Bodenseekreis) oder Messkirch (Kreis Sigmaringen) oder an die einzigartigen Wandmalereien im Festsaal des Benediktinerklosters Sankt Georgen zu Stein am Rhein (Kanton Schaffhausen).

Der kunstsinnige Kaiser Heinrich II. und seine Frau Kunigunde waren es (sie stifteten auch den Bamberger Dom), die das Kloster im 10. Jahrhundert vom nahen Hohentwiel an den Rhein verlegten. Aus der Frühzeit hat sich lediglich die romanische Klosterkirche erhalten, die übrigen Gebäude wurden mehrfach umgebaut und dabei prachtvoll ausgestattet. Der letzte Abt des Klosters, David von Winkelsheim (1460–1526), stammte aus einer Thurgauisch-Schaffhauser Adelsfamilie und trat 1499 sein Amt an. Er vollendete die bauliche Entwicklung, indem er das Kloster durch den Anbau seiner Privaträume zum Rhein hin vergrößerte. Leider ist zu seiner Ausbildung nicht viel bekannt. Die Innendekoration der Räume spricht aber für eine intensive Kenntnis des humanistischen Bildungsideals.

Spätestens 1506 lässt Winkelsheim mit der Ausmalung des Eingangsraums beginnen. Es folgt 1508 der Treppenflur mit dem Wandbild »Die vier stärksten Dinge« (Wein, König, Weib und Wahrheit) und wahrscheinlich gleichzeitig seine Abtsstube mit Szenen aus der römischen Geschichte. 1515/16 erhält der Festsaal im 1. Stock seine Dekoration. Nach Jürgen Michler handelt es sich dabei um das »prachtvollste Raumensemble der frühen deutschen Renaissance im Bodenseebereich«, vollständig ausgemalt von Ambrosius Holbein aus Augsburg und seinem Kollegen sowie von Thomas Schmid. Zusammen mit der geschnitzten Holzdecke und dem Fußboden aus bunt glasierten Fließen ist es ein Gesamtkunstwerk »von prächtiger Wirkung« sowie eines der frühesten Zeugnisse der Renaissance nördlich der Alpen. Dargestellt sind u. a. die »Zurzacher Messe«, die »Erbauung Karthagos«, der »Schwur des Scipio« sowie Tugendvorbilder, von denen die »Geigerin mit dem Narr« vielleicht das bekannteste ist. Zehn Jahre später wurde das Kloster aufgehoben, Abt David von Winkelsheim floh vor der Reformation nach Radolfzell, wo er bald darauf starb.

Nach vielen Umbrüchen steht das ehemalige Kloster heute als eine der schönsten Anlagen ihrer Art zur Besichtigung offen.

Blick vom Rhein auf das ehem Kloster St. Georgen in Stein am Rhein

ab 1510 Einzig in seiner Art – der Bischofszeller Wandbehang

Aber nicht nur am Untersee tat sich um 1500 Großes. Auch das Land zwischen Alpen und See blühte in dieser Zeit, und dafür steht das entzückende Städtchen Bischofszell. Wie der Name bereits andeutet, stand die Thurgauer Stadt Bischofszell schon immer in enger Beziehung mit den Bischöfen vom Bodensee (siehe S. 22). An der Stelle einer Vorgängersiedlung gründete Salomon I. († 871) ein dem Heiligen Pelagius geweihtes Chorherrenstift, um das herum sich langsam eine Stadt entwickelte. Die Gemeinde unterstand bis 1798 direkt den Bischöfen und entwickelte sich vermutlich auch wegen ihrer zollfreien Brücken über die Thur und Sitter zu einem respektablen Marktort vor allem für die berühmte Bodensee-Leinwand (siehe S. 44). Eine in Stein erbaute Thurbrücke unterhalb der Stadt aus dem Jahr 1487 zeigt bis heute noch beeindruckend die Wichtigkeit dieser Handelsverbindung. Wer das Bauwerk nicht kennt, sollte es unbedingt besuchen. Es ist 116 Meter (!) lang und besteht aus Tuff- und Bodensee-Sandstein (siehe S. 12) – die längste aus dem Mittelalter stammende Natursteinbrücke der Schweiz.

Ebenfalls monumental ist noch eine zweite Bischofszeller Besonderheit: ein heute im Historischen Museum Basel bewahrter Wandbehang mit einer Darstellung der Stadt und ihrer Umgebung. Es handelt sich um eine Stickerei mit farbigen Wollfäden auf schwarzblauem und dunkelbraunem Wolltuch. Ihre Ausmaße scheinen sagenhaft: 175 x 290 cm. Man sieht die Stadt mit ihren historischen Bauten aus der Vogelperspektive von Nordwesten. Auf dem Schloss ist das Wappen des Bischofs Otto von Sonnenberg (1452–1491) eingestickt, außenrum das Bodensee-Vorland mit der Kirche von Sitterdorf (TG), der Burg Blidegg (TG), der Kapelle von Degenau (TG) und den Bergspitzen des Altmann (SG/AI). Während die Stadt entvölkert scheint, pulsiert vor ihr auf dem Land das Leben: Händler ziehen mit ihren Waren über die Sitterbrücke, von der ein Junge in den Fluss zu seinen badenden Spielkameraden springt. Bauern bearbeiten ihre Felder und tragen deren Erzeugnisse zum Verkauf in die Stadt. Bewaffnete Landsknechte überqueren die Thur und laben sich anschließend im Schatten eines Baumes mit Bier oder Wein. Alles wohlgefällig beobachtet von einem Priester, der von links über die Szene schaut.

Speziell auf »das Interesse am Lebensraum [der Flora und Fauna] in der Bodenseeregion« weist die Kunsthistorikerin Silvia Volkart hin und fasst zusammen: »Der Bischofszeller Wandbehang ist [...] als Bildquelle zum [...] Leben [in der frühen Neuzeit] von unschätzbarem Wert, und er ist zugleich einzig in seiner Art.«

Was mag der Grund für die Herstellung eines solchen Wandbehangs gewesen sein? Margret Ribbert, Konservatorin am Historischen Museum Basel, vermutet den kunstliebenden Bischof Hugo von Hohenlandenberg (1457–1532, siehe S. 60) als Urheber und meint: »Möglicherweise gehörte der Wandbehang [...] zu einer Vierergruppe: Eine Jahreszeitenserie mit bischöflichen Residenzorten wie Meersburg, Arbon, Gottlieben oder Markdorf [...] zur Ausstattung der Bischofsresidenz oder [als] mobiler Wandschmuck [...].«

Ausschnitt aus dem Bischofszeller Bilderteppich

1516 Wie man auf dem Narrenberg Wein anbaut

Sie kennen den Narrenberg nicht? Aber sicher kennen Sie ihn! Nur eben unter seinem heutigen Namen: Arenenberg (siehe S. 88) oberhalb Mannenbach (TG) am Untersee.

Das »Schönste Schloss am Bodensee« besitzt eine lange Weinbaugeschichte, die bis in die Spätantike zurückführt. Schon die Römer pflanzten hier Reben an und besaßen vielleicht eine *Villa rustica* mit Garten. Diese Tradition wurde im Mittelalter fortgesetzt. Bedeutende Patrizierfamilien – durch den Leinwandhandel (siehe S. 44) reich geworden – nutzen die Liegenschaft als Landsitz, um sich hier zu erholen. Nach einer massiven Zerstörung im Schwaben- oder Schweizerkrieg (siehe S. 58) geriet sie in den Besitz eines Lindauer Bürgermeisters, der sie seinerseits an das Kloster Buxheim bei Memmingen (BY) verkaufte, die größte Kartause im römisch-deutschen Reich.

Warum die Buxheimer Mönche den ca. 100 km entfernten Narrenberg kauften? Es ging um den Wein. Denn der Bodenseewein war damals ein be-

Weinbauern aus dem Konstanzer Ratsbuch

gehrtes Exportgut. Mit ihm ließ sich »gutes Geld« machen. Wie lukrativ das war, sieht man daran, dass die Kartause noch ein zweites Weingut am Obersee, genauer gesagt in Hagnau, besaß.

Am Narrenberg ist besonders, dass der Buxheimer Prior Georgius Mentelin ein Buch anlegte, in dem er genau die Belange des Guts notierte: eine seltene und unbekannte Quelle für die Geschichte des Weinbaus am See. Darin lesen wir, wie ein solches Weingut aussah: Es umfasste drei Häuser mit Ställen, einen Weinkeller, einen Brunnen sowie mehrere (Gebäude für) Torkel. Dabei handelte es sich um eine Vorrichtung, um die Trauben auszupressen. Neben den Rebbergen gehörten Äcker, Wiesen, Nussbäume und Obstgärten zur Anlage, ebenso wie Vieh, von dem jeder Angestellte vier Stück halten musste. Die Bauern – sie gehörten der Konstanzer Rebleute-Zunft an – durften ihre Erträge aber nur zum Teil nutzen: Nüsse und Ackerfrucht gehörten dem Kloster ebenso wie das Stroh und der Mist. Letzteren brauchte man, um die Reben zu düngen. Ständig fiel zu wenig davon an. Man kaufte aus dem Gebiet um Sankt Gallen weiteren Dung an. Das galt auch für die Rebstecken. Sie wurden zu Tausenden benötigt und kamen aus dem Bregenzerwald.

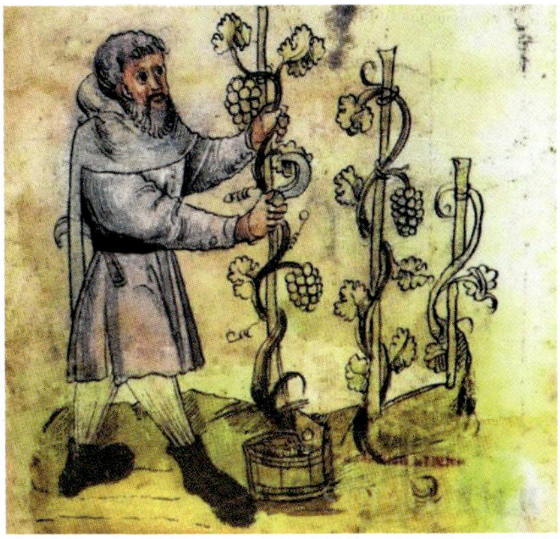

Ein Kartäuser als Weinbauer im Rebberg

Der Wein wurde in der Regel von Ermatingen (TG) per Schiff nach Konstanz transportiert. Hier musste Zoll bezahlt werden. Vor der Rheinbrücke wurde er in der Vorstadt Petershausen umgeladen, da größere Kähne die engen Flutbögen nicht passieren konnten. Weiter ging es quer durch die Stadt bis zum Kaufhaus (Konzil) am Hafen, von dort auf dem Seeweg nach Lindau (BY) und anschließend auf Fuhrwerken via Kissleg (Landkreis Ravensburg) und Memmingen in die Kartause. Andere Routen führten vom Narrenberg aus nach Ittingen (TG) bzw. Mammern (TG) am Untersee.

Welcher Wein auf den Hängen oberhalb des Sees stand, geht aus dieser Quelle leider nicht hervor. Aus anderen Unterlagen wissen wir aber, dass sowohl Rot- wie auch Weißwein produziert wurde. Dabei dürfte es sich wahrscheinlich um Elbling (weiß) bzw. Klevner (Spät- oder auch Bodenseeburgunder, rot) gehandelt haben.

1518 Ambrosius Blarer: Wie's Gott gefallt, so gfallt's mir auch

Soweit es sich aus heutiger Sicht überhaupt realistisch beurteilen lässt, entsprach das Wesen von Ambrosius Blarer (1492–1564) idealtypisch der auch heute noch weit verbreiteten Mentalität rund um den Bodensee: Zeit seines Lebens suchte er den Konsens.

Wer aber war dieser Mann, den sein Freund, der Straßburger Reformator Martin Bucer (1491–1551), sogar unter die Apostel Christi zählte? Kurz gesagt, ein (zu Unrecht) vergessener Reformator, dessen Einfluss bei näherem Hinsehen aber noch heute vielfach präsent ist.

Ambrosius wurde 1492 als Spross einer alten Sankt Galler bzw. Thurgauisch-Konstanzerischen Patrizierfamilie geboren. Beide Elternseiten besaßen verwandtschaftliche Beziehungen in der gesamten Bodenseeregion. Schon mit 13 Jahren begann er an der Universität Tübingen zu studieren, wo er auf Philipp Melanchthon (1497–1560), den späteren Mitstreiter Luthers, traf – eine Freundschaft, die ein Leben lang halten sollte. Unter dem Einfluss seiner frommen Mutter (der Vater war schon früh gestorben) brach Blarer sein Grundstudium ab und trat in das Alpirsbacher Benediktinerkloster ein. Seine dortigen Mitbrüder erkannten schnell seine Begabung und schickten ihn erneut an die Universität. Nach der Magisterprüfung kehrte er in sein Kloster zurück, wo er schon bald zum Prior (Stellvertreter des Abtes) aufstieg. Sein in Wittenberg studierender Bruder Thomas brachte ihn in Kontakt mit den Schriften Luthers, die auf den Mönch nachhaltigen Einfluss ausübten. Ambrosius erkannte die Notwendigkeit zu einer Reformation der bestehenden Kirche und begann in diesem Sinne zu predigen. Dies führte zum Konflikt mit seinem Orden. Der junge Prior verließ sein Kloster und floh nach Konstanz.

1525 übernahm Blarer die Führung des dortigen Protestantismus. Seine Lehre(n) bildete(n) in vielen Bereichen einen Kompromiss zwischen den Vorstellungen des Züricher Reformators Huldrych Zwingli (1484–1531) und denen Martin Luthers (1583–1546). Lediglich in der Frage nach dem Bilderschmuck nahm er eine radikale, ablehnende Haltung ein. Dank des großen Ansehens von Konstanz fand seine Glaubenshaltung schon bald Anhänger.

Porträt des Ambrosius Blarer

Er half Bischofszell (TG), Wil (SG) und Herisau (AR) zu reformieren. Ebenso Lindau (BY), Ulm (BW), Esslingen (BW), Augsburg (BY), Memmingen (BY) und Isny (BW) sowie weitere kleinere Gemeinden und Landstriche. Ulrich von Württemberg beauftragte ihn schließlich zusammen mit dem Lutheraner Erhard Schnepf (1495–1558) sein Herzogtum zu reformieren. Eine problematische Aufgabe, denn Blarer tendierte weniger zu den Auffassungen Luthers. Immer wieder versuchte er zwischen diesem und Zwingli zu vermitteln. Mit dessen Nachfolger Heinrich Bullinger (1504–1575) war er eng befreundet. Nach Intrigen am württembergischen Hof zog sich Ambrosius wieder an den Bodensee zurück. Dort stand er unter anderem mit dem Genfer Reformator Jean Calvin (1509–1564) in regelmäßigem Briefkontakt.

Bevor Konstanz von habsburgischen Truppen besetzt und rekatholisiert wurde (1548), floh Blarer nach Leutmerken (TG). Anschließend wirkte er als Reformator in Biel (BE) und Winterthur (ZH), immer (vergeblich) um einen Ausgleich und Harmonie in der evangelischen Lehre bemüht. Bereits 1533 hatte er – ganz wie Martin Luther – eine ehemalige Nonne geheiratet: Katharina Ryf von Blidegg aus dem Dominikanerinnenkloster Münsterlingen (TG). Ambrosius Blarer starb 1564 vereinsamt und verbittert in Winterthur (ZH).

1573 Der Heilige Johannes geht erstmals aufs Eis – wahrscheinlich jedenfalls

Büste mit dem Kopf des Heiligen Johannes in der Kirche von Münsterlingen

Was muss damals für eine Kälte geherrscht haben! David Hünlin, ein Lindauer Chronist, berichtet noch mehr als 200 Jahre später davon:

»1572/1573 hatte man […] einen der härtesten Winter, in dem der See mit Anfang des folgenden Jahres solchermaßen überfror, daß den 3. Jener [Januar 1573] viele Leute von Bregenz auf dem Eis nach Lindau auf den Markt gingen […]. [Ab dem 1. Februar ging] man von Romishorn [Romanshorn] gen Buchhorn [Friedrichshafen] wie auch von Konstanz aus den nächsten [kürzesten] Weg über das Eis. Die Bregenzer tanzten an der alten Fastnacht darauf, brannten Funken auf demselben und sprangen in Reihen rum. Mann und Weib ging von Bregenz in weissen Kleidern vermummt ins Kloster Mehrerau hin, verirrten sich aber bei der Rückkehr bei einem eingefallenen Nebel so sehr, daß sie beinah bis an die Palisaden auf dem Eis vor Lindau kamen. Sie hatten Trommel, Pfeifen und zwei Fahnen bei sich. […] Zu dieser Zeit ritt einer von Bregenz bis nach Überlingen. […] Viele Leute wurden bei der damaligen strengen Winterkälte von den Wölfen zerrissen oder sonst tot gefunden.«

Kein Wunder also, dass die Menschen bei derartigen Wetterkapriolen göttlichen Beistand erflehen wollten oder vielleicht sogar mussten. Dem Vernehmen nach waren es Benediktinerinnen des Klosters Münsterlingen (TG), die aus Anlass der oben erwähnten *Seegfrörne* (oder *Seegfrörni*) erstmals ein Brustbild des Evangelisten Johannes, das heißt, eine Büste mit dem vermeintlichen Gesicht des Heiligen, quer über den See nach Hagnau (Bodenseekreis) getragen haben sollen. Ob dem wirklich so war, bleibt fraglich. Denn bei der Skulptur handelt es sich um ein spätgotisches Schnitzwerk, das sicher einige Zeit vor 1573 entstand. Außerdem ist der Heilige Johannes Patron der Hagnauer Pfarrkirche und Schutzheiliger der Rebleute (siehe S. 66). Einer anderen Überlieferung nach soll es denn auch der Münsterlinger Bürger Jakob Model gewesen sein, der den Evangelisten vor den Evangelischen über den See in Sicherheit brachte.

Münsterlingen (TG) war – im Unterschied zu den schon erwähnten Konventen von Diessenhofen und Feldbach (beide TG, siehe S. 40 und 54) – bis zur Reformation ein Chorfrauenstift, das unverheirateten Töchtern des niederen Adels und des reichsstädtischen Patriziats um den See offen stand. Die Eintretenden mussten zwar Gehorsam versprechen, nicht aber Armut und Keuschheit. Jederzeit konnten sie auch wieder austreten. Die Frauen standen der Blarer'schen Reformation (siehe S. 68) sehr offen gegenüber. 1549 kam es zu einer Wiederbelebung des klösterlichen Lebens durch Benediktinerinnen.

Offiziell fand die Seeüberquerung des Heiligen bisher insgesamt fünfmal statt: 1573, 1695, 1796, 1830 und 1963. Voraussetzung ist ein komplettes Überfrieren des Bodensees. Das passiert im Schnitt alle 100 Jahre. Momentan wartet Johannes gerade in Münsterlingen darauf, wieder nach Hagnau reisen zu dürfen. Wie groß die Wahrscheinlichkeit ist, dass es in den nächsten rund 40 Jahren wieder zu einer *Seegfrörne* kommt, bleibt in Anbetracht der Klimaerwärmung unbeantwortet …

Abschließend sei darauf hingewiesen, dass der von Gustav Schwab in seinem Gedicht »Der Reiter und der Bodensee« verewigte Ritt über den zugefrorenen See auch auf das Jahr 1573 zurückreicht. Andreas Egglisperger, ein Bote des Landvogts zu Ensisheim (Elsass, heute F) überquerte den See zwischen Dingelsdorf (Kreis Konstanz) und Überlingen (Bodenseekreis). Anders als bei Gustav Schwab starb der mutige Mann allerdings in realiter nicht, sondern stärkte sich anschließend in der Überlinger *Krone*.

1580 Michel de Montaigne, der erste Kulturtourist aus Frankreich, besucht Lindau

Michel Eyquem de Montaigne (1533–1592) war Jurist, Philosoph, Humanist und Schriftsteller. Er lebte und arbeitete im Perigord (F). Mit 38 Jahren zog er sich auf sein väterliches Schloss zurück und verbrachte seine Zeit als Privatgelehrter.

1580 unternahm er zusammen mit einigen Dienern und adligen Begleitern eine Bäder- und Bildungsreise durch das römisch-deutsche Reich und Italien. Seine Reisegruppe bestand aus zehn Personen, sieben zu Pferden, drei Männern zu Fuß, zwei Dienern und einem Maultiertreiber. Von Schaffhausen (SH) kommend, erreichte er auf dem Landweg Konstanz und reiste via Markdorf an das östliche Ende des Bodensees: Montaigne und seine Entourage waren vielseitig kulturhistorisch interessiert. Fragen des täglichen Lebens, technische Errungenschaften, Mode, Religion, Essen und Trinken, alles findet seinen Niederschlag im Tagebuch des kosmopolitischen Franzosen. Besonders spannend gestalten sich die Schilderungen über seinen Besuch in Lindau (heute BY). Sie sind so umfangreich, dass sie hier nur ausschnittsweise wiedergegeben werden können:

»Diese kleine Stadt liegt hundert Schritt weit im See; man gelangt zu ihr über eine Steinbrücke, die den einzigen Zugang bildet – ringsherum ist nur Wasser. Jenseits blickt man bis zu den Graubündner Bergen. […] Überall im Land bedecken sich die Frauen den Kopf mit Hüten oder Hauben aus Pelz, die etwa unseren *calottes* gleichen. Außen nehmen sie dafür [kostbareres Pelzwerk] etwa Feh [Winterfell des Eichhörnchens], innen dagegen nur Lamm. […] Die offene Seite […] tragen sie nach hinten, so dass man ihr geflochtenes Haar vollständig sehen kann. Gerne ziehen sie auch rote oder weisse Stiefelchen an, die ihnen nicht schlecht stehen. Hier werden zwei Konfessionen praktiziert. Wir besuchten die im Jahr 866 erbaute katholische Kirche, wo alles unversehrt geblieben ist. […] In den Reichsstädten herrscht für Katholiken und Protestanten durchweg Religionsfreiheit. Die Bürger entscheiden selbst darüber, welche Konfession sie bevorzugen, und an die halten sie sich dann mehr oder weniger. […] Monsieur de Montaigne sprach auch mit dem lutherischen Geistlichen, [der] gegen Zwingli und Calvin mit

Lindau, Stadtansicht von Norden

dem gewohnten Hass loswetterte. […] Wir wohnten in der *Krone*, einem hübschen Gasthaus. In der Täfelung des Speisesaals war eine Art Käfig für eine Unzahl von Vögeln eingelassen […]. Monsieur de Montaigne probierte auch ein Federbett aus, womit man sich dort zuzudecken pflegt, und er war darüber des Lobes voll, da er es zugleich warm und leicht fand. […] Was die Bewirtung angeht, [tischte man uns] Topfgerichte, Sossen und Salate in ungewohnter Fülle und Reichhaltigkeit auf. So hat man uns Gerichte aus Quitten vorgesetzt, ferner mit eingemachten Apfelringen bedeckte Suppen, dazu Salate aus Weisskraut. Auch hier bietet man Brühen verschiedener Art ohne Brot an, zum Beispiel aus Reis, in denen alle gemeinsam herumfischen – Einzelgedecke gibt es nicht. All das ist in guten Gasthäusern von einem solchen Wohlgeschmack, dass die Küche des französischen Adels […] kaum damit zu vergleichen sei. […] Gute Fische gibt es in Hülle und Fülle, die zusammen mit dem Fleisch aufgetragen werden. […] Ebenso reichlich ist Wild vorhanden […]. Wir haben nie zuvor so delikate Gerichte gegessen, wie sie dort gang und gäbe sind. Bald wird zuerst ein Braten aufgetragen und die Suppe zuletzt, bald umgekehrt. Als Beilage zum Fleisch reicht man Pflaumenkompott sowie Apfel- und Birnentörtchen. An Frischobst gibt es nur Birnen und köstliche Äpfel, dazu Nüsse und Käse. [Wein wird ohne Wasser getrunken], und es gilt als Verbrechen, einen leeren Becher nicht sofort nachzufüllen.«

1632 Schweden, Franzosen, die Kaiserlichen und ein Admiral für den Bodensee

Betrachtet man den Dreißigjährigen Krieg aus der Sicht eines Militärhistorikers, spielen die Vorgänge am Bodensee eine eher untergeordnete Rolle. Aus der Perspektive der hier lebenden Menschen aber waren die folgenden Kämpfe – wie alle Kriege – eine schlichte Katastrophe, auch wenn die ersten zwölf Jahre dieses Konfliktes direkt am See relative Ruhe herrschte. Besonders Überlingen litt – im Verlauf der Kampfhandlungen wurde es gleich mehrfach von den beteiligten Parteien erobert.

Um was ging es beim Dreißigjährigen Krieg eigentlich? Ursprünglich handelte es sich um einen Religionskrieg, dessen Wurzeln in den konfessionellen Auseinandersetzungen nach dem Konstanzer Konzil (siehe S. 50) lagen. 1618 forderten die reformierten böhmischen Stände die zugesicherte Religionsfreiheit. Als diese ihnen streitig gemacht wurde, warfen sie in Prag drei kaiserliche Beamte aus dem Fenster. Mit dem sogenannten Prager Fenstersturz begannen verschiedene gnadenlose Kampfhandlungen, die schließlich in einem Krieg um die Vorherrschaft in Mitteleuropa mündeten. Auch am Bodensee drehte er sich nicht mehr oder nur noch am Rande um konfessionelle Themen, sondern um die Frage, wer in Zukunft das Sagen an seinen Ufern haben würde: die im Nordosten stehenden katholischen Habsburger oder die im Nordwesten liegenden (reformierten) vereinigten französisch-schwedisch-württembergischen Verbände. Das südliche Seeufer gehörte zur Eidgenossenschaft, die offiziell neutral war, in Wirklichkeit aber – je nach Glaubensbekenntnis der jeweils Herrschenden – die eine oder die andere Seite unterstützte bzw. mit ihr sympathisierte.

Die Kämpfe begannen 1632 mit einem Angriff der Reformierten auf Radolfzell. Die Stadt konnte sich nicht halten und kapitulierte. Um den Handel und vor allem die Versorgung der katholischen Städte zu sichern, wurde in Lindau ein Flottenverband aufgestellt, dessen Kommandierender den nur in diesem Krieg gebrauchten Titel eines »Admirals für den Bodensee« erhielt. Im Herbst des folgenden Jahres überschritten schwedische Truppen den Rhein und griffen – ohne dass eidgenössische Truppen sie daran hinderten und ihre Neutralität schützten, Konstanz vom Thurgau aus an. Vergeblich! Nur wenige Monate nach ihrem Abzug versuchten die Evangelischen ihr Glück in Überlingen, dieses Mal aber noch ohne Erfolg. Buchhorn allerdings (heute Friedrichshafen) wurde eingenommen und in Gustavburg umbenannt. Dort wurde anschließend das größte Bodensee-kriegsschiff gebaut: die 22 Kanonen tragende *Drottning Kristina* (Königin Christina). Niederlagen auf anderen Kriegsschauplätzen sorgten dafür, dass sich die protestantische Seite zunächst aus der Region zurückzog. Einzig auf dem Hohentwiel verblieb eine Besatzung, die gelegentlich Raubzüge unternahm. Erst im Januar 1643 flammten die Kämpfe wieder richtig auf. Überlingen und die Mainau fielen an die Reformierten. Langenargen und Wasserburg waren immer wieder stark umkämpft. Stetig verlagerten sich die Kampfhandlungen nun auch an das nordöstliche Ufer bzw. Ende des Sees. Lindau wurde mehrfach belagert, Bregenz sogar erobert. Interessanterweise berichten noch heute gerade hier viele Sagen von den Kämpfen.

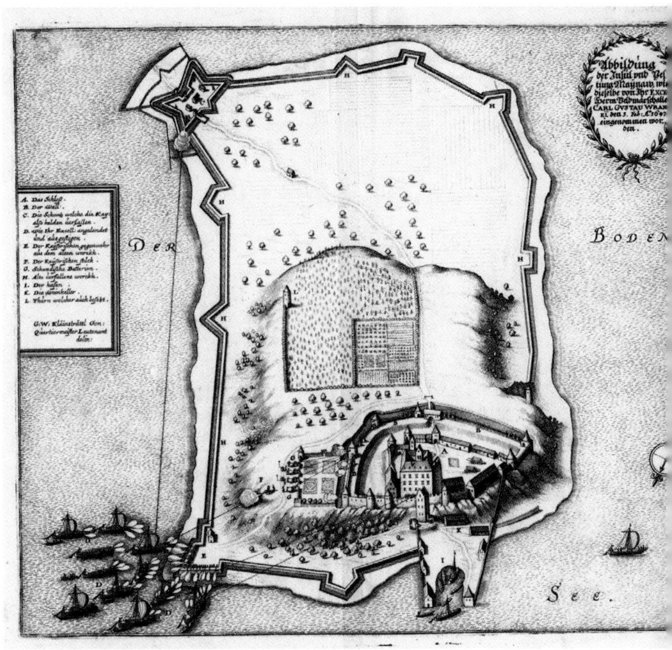

Eroberung der Insel Mainau durch schwedische Kriegsschiffe

Parallel zu den Gefechten an Land bildete der See einen eigenen Kriegsschauplatz. Beide Seiten hatten regelrechte Flotten mit waffenstarrenden Kriegsschiffen zusammengestellt, die an Landungsunternehmen teilnahmen, sich gegenseitig bekämpften oder – und das war das eigentliche Ziel – die Versorgung des Gegners zu unterbinden suchten. Am Hafen von Bottighofen (TG) steht heute eine Schiffskanone, die an dieses Stück Geschichte erinnert. Es galt so viel Beute wie möglich zu machen, um die eigenen Truppen bei Laune zu halten. »Der Krieg ernährt den Krieg.« Dieses berühmt gewordene Zitat aus Schillers Wallenstein galt wahrlich auch am Bodensee.

1648 Ausgeplündert und ins Elend gejagt – Sankt Gallen hilft seinen Nachbarn

Wer meint, dass Ende Oktober 1648 mit dem sogenannten Westfälischen Frieden auch am Bodensee alles Elend vorbei war und die Kriegsparteien bedingungslos abzogen, der irrt. Wie Marcel Mayer, Stadtarchivar der politischen Gemeinde Sankt Gallen, schreibt, hatten viele Städte des Bodensees »den abziehenden schwedischen Truppen hohe Satisfaktions- und Friedensgelder zu entrichten.« Nach den Zerstörungen, Plünderungen, Einquartierungen und sonstigen Verlusten (so gingen beispielsweise das bischöfliche Archiv und der Konstanzer Domschatz bei einem Rettungsversuch über den See wohl unwiederbringlich verloren) konnten die Städte die geforderten Summen unmöglich aufbringen.

Um nicht erneut mit den immer noch vor Ort stehenden schwedischen Heerhaufen in Konflikt zu geraten, baten sie ihre Nachbarn südlich des Sees

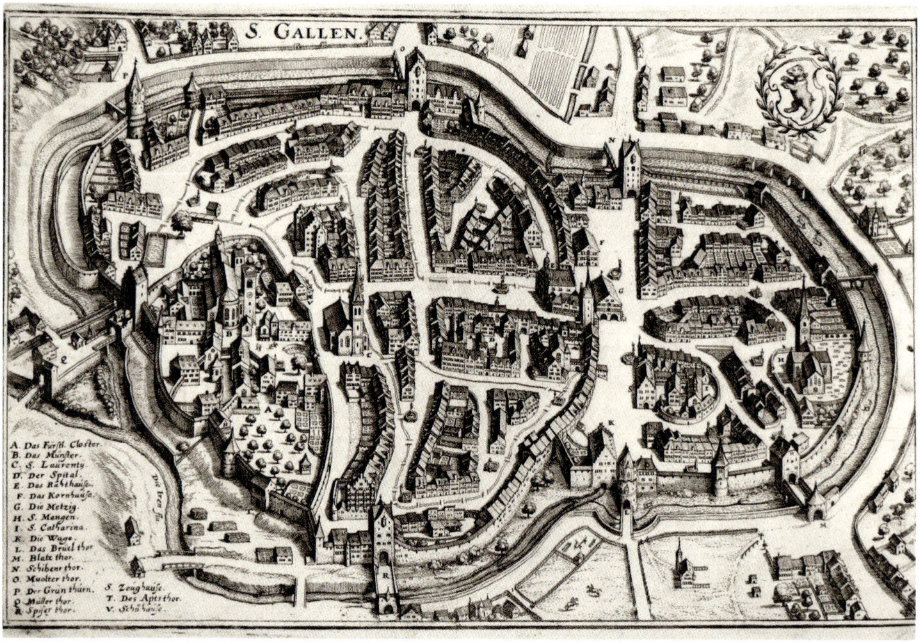

Die Reichsstadt Sankt Gallen, um 1630

um finanzielle Hilfe. Besonders das dank des Tuchhandels vermögende Sankt Gallen war gefragt, wie viele andere eine traditionsbewusste Reichsstadt. Zwar hatten die 13 eidgenössischen Orte im Frieden von Münster die *Exemption* erhalten, das heißt, sie waren von ihren Pflichten gegenüber Kaiser und Reich entbunden und nicht mehr der Reichsgerichtsbarkeit unterstellt, aber streng genommen gehörten sie eben doch noch zum Reich. Außerdem bestanden jahrhundertealte familiäre Verbindungen und Freundschaften. Kein Wunder also, dass sich Biberach (BW), Kaufbeuren (BY), Kempten (BY), Konstanz (BW), Leutkirch (BW), Lindau (BY), Markdorf (BW), Memmingen (BY), Pfullendorf (BW), Ravensburg (BW), Überlingen (BW), Ulm (BW) und Wangen (BW) an die Sankt Galler wandten und um Hilfe baten. Natürlich konnte die Leinwandstadt nicht alle Wünsche erfüllen.

Isny im Allgäu, 1631

So wurde beispielsweise die eher bescheidene Anfrage von Isny (BW) nur teilweise positiv bestimmt. Isny, wie Sankt Gallen eine protestantische Textilstadt und in enger Verbindung mit einem Benediktinerkloster stehend, erhielt – wie Marcel Mayer belegt – etwa drei Viertel der gewünschten Summe bei einer Verzinsung von fünf Prozent. Da es – wie andere Städte im Seegebiet – nie mehr seine frühere Wirtschaftskraft erreichte, konnte die Gemeinde ihre Schulden über Jahrzehnte weder zurückbezahlen noch die Zinsen aufbringen.

Die Sankt Galler erwiesen wahrlich Großzügigkeit! 135 Jahre später erließen sie dem Rat von Isny 75% der ursprünglichen Summe und verzichteten sogar nahezu auf die Zinsen. Ein schönes Bespiel für die freundschaftlichen Verbindungen zwischen nunmehrigen Schwaben und Schweizern.

um 1650 Es wird voll auf den Straßen – Vorarlberger Handwerker räumen auf

Kaum waren die feindlichen Heerscharen abgezogen (siehe S. 74 und 76), wurde es schon wieder voll auf den Straßen in Oberschwaben, im Allgäu, am See und im südlichen Thurgauer/Sankt Galler Vorland. Dieses Mal kamen die Invasoren aber nicht plündernd und vergewaltigend, sondern durchweg in friedlicher Absicht. Sie brachten auch keine Waffen mit, sondern Senkblei, Zirkel, Dreieck, jede Menge Werkzeug und vor allem ein gigantisches Wissen. Ohne das alles wäre der heutige Bodensee um ein Vielfaches ärmer.

Das Langhaus der Basilika St. Lorenz in Kempten wurde von Michael Beer geplant und umgesetzt.

1651 gründete Michael Beer (1605–1666) im vorarlbergischen Au die sogenannte Auer Laadt, eine Zunft von Bauhandwerkern, die den Barock im gesamten süddeutschen Sprachraum entscheidend prägen sollte. Die Vorarlberger hatten ihr Wissen in Gegenden und von Meistern erlernt bzw. verfeinert, die nicht vom Dreißigjährigen Krieg betroffen waren. Österreich hatte kaum gelitten, Italien überhaupt nicht. Nun endlich konnten es die Handwerker und Baumeister in ihrer Heimat anwenden. Von den teils zerstörten, aber immer noch vermögenden Klöstern ging ein wahrer Bauboom aus, der sich auf andere kirchliche Institutionen, aber auch auf profane Bauten ausdehnte. Jeder wollte das Jammertal des Krieges hinter sich lassen und in die neue Zeit aufbrechen. Eine Chance, bei der man sich im »Ländle« nicht zweimal bitten ließ. Allein in Au-Schoppernau (VBG) waren Ende des 17. Jahrhunderts 94 % der erwachsenen Männer im Baugewerbe tätig.

Die einzelnen Baustellentrupps umfassten bis zu 200 Personen: Maurer, Zimmerleute, Steinmetze, Stuckateure, ihre Lehrlinge und Gesellen zogen zwischen März und November eines jeden Jahres in die Welt hinaus. Man traf sich zunächst am Roten Berg westlich von Hittisau (VBG), um von dort aus zu seinen Auftraggebern weiterzuwandern. Unterwegs verpflegten sich die Handwerker selbst, auf den Baustellen wurden sie vor Ort verköstigt und untergebracht. Zwar konzentrierten sich die Arbeiten auf das Fürstbistum Konstanz (siehe S. 22 und 90), aber die Handwerker aus Vorarlberg lassen sich auch in anderen süddeutschen Ländern und sogar bis nach Ungarn oder Russland nachverfolgen. Über 800 Kirchen, Klöster und Profangebäude sollen sie errichtet haben. Nicht nur in Anbetracht der durchaus vorhandenen Konkurrenz aus Italien eine ungeheure Zahl.

Porträt des Vorarlberger Baumeisters Franz Beer II. (siehe S. 81)

Ihr Erfolgsrezept lautete Qualität, Qualität, Qualität. Das zu bewerkstelligen gelang durch ein ausgeklügeltes System in der Ausbildung und eine straffe Organisation auf den Baustellen. Die Meister waren oftmals verwandtschaftlich verbunden und traten nie in Konkurrenz miteinander. Wo Not am Mann war, half man sich selbstverständlich aus. So gelang es über 150 Jahre, die Bautätigkeit zu bestimmen und zu kontrollieren. Gegen Ende des 18. Jahrhunderts ließ der Bauboom nach, die Handwerker aus Vorarlberg verloren ihre prägende Position und gerieten oft sogar in Vergessenheit. 200 Jahre später begann sich das erneut zu verändern: Der Vorarlberger Stil gilt seit dem 20. Jahrhundert wieder als vorbildlich. Voller Neid schauen viele Nachbarn auf die Holzbauten und die (wieder-)erwachte Baukunst im Ländle.

1697 Der Phönix aus der Asche – Salem entsteht neu

»In der Nacht vom 9. zum 10. März 1697 hatte ein verheerender Brand die ab 1615 von Grund auf neu errichteten Gebäuden der Abtei und große Teile des Konventgebäudes zerstört. Nur wenige Wochen später lagen Pläne zum Neubau der Klosteranlage, die Franz Beer verdingt wurde, vor.« So schreibt der Kunsthistoriker Ulrich Knapp in einem Ausstellungskatalog des Jahres 2002. Dabei gelingt es ihm im wahrsten Sinne des Wortes, große Dinge gelassen auszudrücken. Was war passiert?

Noch vor dem Dreißigjährigen Krieg (siehe S. 74) hatte sich Abt Thomas I. Wunn (1580–1647) entschlossen, einen umfangreichen Neubau in Angriff zu nehmen. Eine mehr als mutige Tat, denn die Finanzen des einst mächtigen Klosters gestalteten sich seit den Kriegen des 16. Jahrhunderts und der Reformation als ausgesprochen marode. Während des Mittelalters zählte die Abtei noch zu den größten und reichsten Zisterzienser-Klöstern des Bodenseegebiets und seines Umlands. König Konrad III. (1093–1152) hatte sie in den Stand einer Reichsabtei erhoben, das heißt, sie unterstand direkt dem Kaiser. Papst Alexander III. (1100–1181) verlieh ihr wenig später den Titel einer Konsistorialabtei. Damit verlor auch der Bischof von Konstanz (siehe S. 22) weitgehend seinen Einfluss auf das Kloster. Es konnte ein umfangreiches eigenes Territorium aufbauen, einen mehr als beachtlichen Kirchenschatz anhäufen und Tochtergründungen vornehmen. Unter den von Salem abhängigen Gemeinschaften befanden sich auch Frauenklöster wie z.B. Feldbach bei Steckborn (TG, siehe S. 54).

1614 war von diesem einstigen Glanz nur wenig übrig geblieben: hohe Schulden, die vorhandenen Gebäude baufällig und ohne repräsentativen Charakter. Trotz aller vorhandenen Schwierigkeiten sollte eine Art sakraler Schlossbau entstehen. Das Vorhaben gelang – wie schon im Mittelalter stand der prächtige gotische Kirchenbau des 13–15. Jahrhunderts im Zentrum der Anlage. Durch die Wirren des immer stärker spürbaren Dreißigjährigen Krieges lavierte sich die Abtei zunächst noch mehr schlecht als recht hindurch. Mehrfach wurde sie von Soldaten beider Seiten geplündert und teilweise zerstört, ihre Untertanen vergewaltigt und ermordet. Der Abt

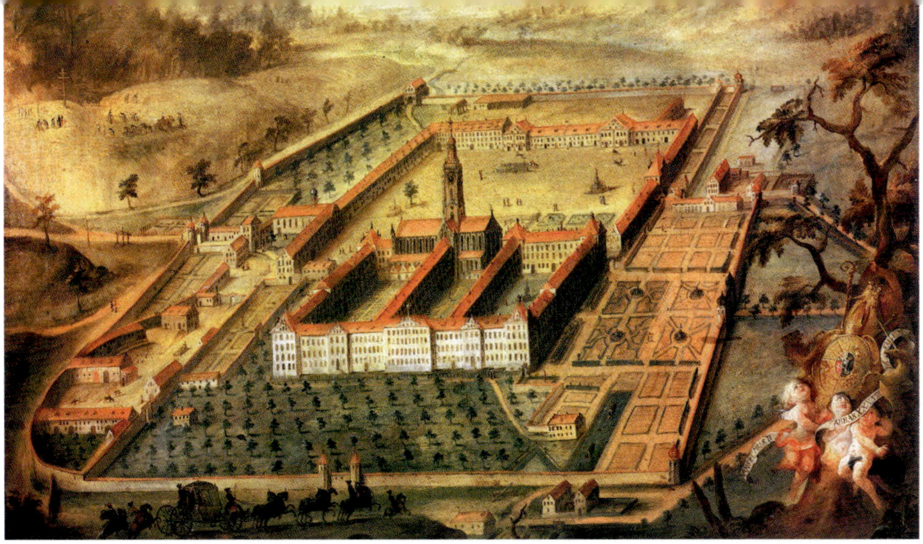

Idealansicht des Klosters Salem nach dem Wiederaufbau

konnte ihnen nicht helfen und sah sich schließlich sogar gezwungen, den Konvent aufzulösen. Erst 1647 kehrten die Mönche zurück und begannen sofort mit der Wiederbelebung ihres Klosters. 50 Jahre später brach mit dem Brand die nächste Katastrophe über die Zisterzienser herein. Das Feuer vernichtete die meisten Gebäude und einen Großteil der Kunstschätze. Immerhin blieben das Münster, die Bibliothek und das Klosterarchiv weitgehend verschont.

Trotz einer desaströsen Finanzlage wurde sofort mit dem Wiederaufbau begonnen. Wer anders als der Vorarlberger Baumeister Franz Beer (1660–1726, seit 1722 Franz Beer Edler von Bleichten, siehe S. 79) wäre für die ehrgeizigen Pläne in Frage gekommen? Ein Meister seines Fachs, der ca. 15 Jahre später auch die Neubauten der Klosterkirchen von Weingarten (Kreis Ravensburg) und Diessenhofen (TG, siehe S. 40) leitete. Dank geschickter Äbte gelang es dem Kloster, seine Finanzen zu konsolidieren und seine Position eines kleinen Fürstentums wieder einzunehmen. Entsprechend gestaltete sich das Kloster nun als Residenz, repräsentativ und herrschaftlich mit einem prunkvollen Kaisersaal.

Durch die Revolutionskriege (siehe S. 86) wurde der bereits seit dem Ende des 18. Jahrhunderts einsetzende schleichende Niedergang der Abtei verstärkt. 1804 wurde sie aufgelöst, die Gebäude fielen an das Haus Baden. Heute sind sie Teil der Staatlichen Schlösser und Gärten Baden-Württemberg. Ein Besuch von Kloster und Schloss Salem gehört nicht nur für Kunstfreunde zum unbedingten Muss am Bodensee.

1729 Auf Diebestour in Schwaben und in der Schweiz, an Bodensee und Rhein

Sie nannten sich *Konstanzer Hans*, *Hannikel*, *Sonnewirthle*, *Schwarzer Veri* oder *Alte Lisel*, und machten Straßen, Jahrmärkte, Dörfer und Städte unsicher. Aus der Geschichte des Bodensees sind sie nicht wegzudenken und gelegentlich auch noch in Erzählungen oder als Fastnachtsgestalten präsent. Scheinbar ziellos zogen sie zusammen mit zahllosen anderen Gestrandeten der Gesellschaft über die Straßen um den See und in seinem Hinterland. Grenzen kannten sie keine, es gab sie in unserem heutigen Sinn auch nicht. Betteln, Hausieren und Gelegenheitsarbeiten dienten eigentlich nur als Tarnung. Ihre Hauptbeschäftigung lag im Taschendiebstahl, Kirchenraub und gewöhnlichem Diebstahl. Die Männer saßen dabei meistens in den Wirthäusern und warteten darauf, dass Frauen und Kinder ihre Beute ablieferten. Allerdings rotteten sie sich gelegentlich auch zu unorganisierten Gruppen zusammen und begingen Kapitalverbrechen wie Einbruch oder schweren Raub.

Die Bande der Alten Lisel war insofern eine Ausnahme, als dass sie von einer Frau geleitet wurde, und zwar von der ca. 40 Jahre alten Elisabetha Frommerin. Sie stammte aus unklaren Familienverhältnissen. Der Vater sei ein Soldat gewesen, den sie nicht gekannt habe, wird sie nach ihrer Verhaftung 1732 in Salem zu Protokoll geben. Die Mutter habe Magdalene geheißen und sei zusammen mit zwei ihrer Stiefbrüder und einem dritten Mann zwölf Jahre zuvor hingerichtet worden. Somit war Elisabethas »Karriere« also schon vorgezeichnet. Mit 20 Jahren heiratete sie zum ersten Mal – ihr Mann hieß Andreas Knoblocher, er war ein Falschspieler und wurde zwei Jahre später in Frauenfeld (TG) hingerichtet. Die gemeinsame Tochter Columbina entwickelte sich unter der sorgfältigen Ausbildung ihrer Mutter zu einer begabten »Sack- und Beutelschneiderin«. Elisabetha heiratete noch zwei weitere Male und bekam erneut Kinder. Beide folgenden Ehemänner endeten ebenfalls am Galgen, der eine in Horb, der andere in Sigmaringen. Lisel ließ sich davon nicht abschrecken. Fünf Frauen und Männer bildeten den festen Kern ihrer Diebesbande. Weitere stießen gelegentlich dazu und verließen sie auch schnell wieder. Aus den Verhörprotokollen nach ihrer

Verhaftung lässt sich die letzte Reise der Alten Lisel gut rekonstruieren: Sie führte von Ulm über Schemmerberg nach Saulgau und zum Blutritt nach Weingarten. Weiter ging es über Markdorf und Hagnau nach Eriskirch, von wo aus sie nach Arbon übersetzten. Für ein halbes Jahr durchstreiften sie den Thurgau. Mehrfach kamen sie nach Sankt Gallen, Einsiedeln, Herisau, Uznach, Rapperswil und Feldkirch, immer auf der Spur von Messen, Jahrmärkten und Kirchweihen. Dort konnte man die Menschen besonders gut bestehlen. Über Bischofszell, wo einem Bauer sein mit Geld gefüllter lederner Beutel gestohlen wurde, führte der Weg wieder nach Arbon, Kreuzlingen und Konstanz. Dort gelang ein besonders wertvoller Raub: ein Halsband aus Koralle und zwei silberne Löffel. Zurück nach Frauenfeld und weiter nach Rorschach, Feldkirch und Chur, dann wurde Elisabetha verhaftet, an den Pranger gestellt und bekam vom Scharfrichter ein Stück der Nase abgeschnitten. Anschließend wurde sie des Landes verwiesen. Die Gruppe trennte sich, in Horn traf man sich kurz wieder. Via Märstetten, wo es zu einem brutalen Einbruch in einen Krämerladen kam, Steckborn und Mammern überquerte die Gruppe bei Stein den Rhein und fand in Gailingen erneut zusammen. Kurz bevor sie ihre reiche Beute verteilen konnten, wurden sie von einer Streife überrascht und mussten fliehen. Dabei kam es zu ersten Verhaftungen. Die Lisel war nicht darunter, sie entkam über Radolfzell nach Überlingen und Pfullendorf, wo sie mehr oder weniger zufällig verhaftet wurde. Unter den aufgefundenen Beutestücken befand sich zahlreiches Gepäck, darunter sechs Packen voll mit Stoffen und Textilien sowie Schusswaffen. Nach wochenlangen Verhören gestanden schließlich alle Mitglieder der Bande. Die Lisel wurde am 17. August 1732 in Salem hingerichtet. Ihre Kumpaninnen und Kumpane folgten einige Wochen später.

Die Räuberbande des Schwarzen Veri, 1824, Johann Baptist Pflug (1785–1866)

1749 Badefreuden im Appenzellerland? Ein Züricher bringt den Tourismus in Schwung

Ein wohlhabender Herr aus dem Zürichgebiet namens Steinbrüchel, sein Vorname ist uns leider nicht bekannt, litt an einer schweren Lungenkrankheit. Seine Ärzte hatten ihn bereits aufgegeben. Einzig sein Schwager, ein am Bodensee praktizierender Mediziner namens Dr. Meyer, machte ihm Hoffnung und empfahl, Herr Steinbrüchel möge ins Appenzellerland reisen und dort die reine Luft und die herrlichen Berge genießen, vor allem aber Anwendungen mit Ziegenmolke machen. Schon der berühmte Paracelsus (1493–1541) hatte sie als heilsam empfohlen. Molke ist nichts anderes als die Restflüssigkeit, die bei der Käseherstellung entsteht bzw. übrig bleibt. Böse Zungen behaupten sogar, es sei nichts anderes als ein Nebenprodukt, das man auch als Abfallprodukt bezeichnen könne.

Wie dem auch sei, Herr Steinbrüchel folgte dem Rat seines Schwagers und reiste in das schöne Dorf Gais (AR). Er nahm ein Zimmer im Gasthaus zum Ochsen, wo er sehr gastfreundlich aufgenommen wurde. Wie verordnet, brachten ihm die Einheimischen jeden Morgen frische warme Ziegenmolke. Vierzehn Tage verstrichen und keine Heilung wollte sich einstellen. Plötzlich, als der behandelnde Arzt schon die Hoffnung fast aufgegeben

Gais – Cures de petit lait.

hatte, begann Steinbrüchel sich bestens zu erholen. Er nahm wieder an Gewicht zu, seine Lebensgeister kehrten zurück und wenige Wochen später unternahm er bereits eine Bergtour. Was für eine Sensation! Nach Zürich zurückgekehrt, erzählte der geheilte Patient den sensationellen Verlauf und Erfolg seiner Kur in seinem Freundeskreis. Man beschloss, jedes Jahr nach Gais zu reisen, um eine solche Kur zu machen. Schnell sprach sich der Heilungs- und Erholungserfolg weiter herum und schon 1760 war eine Art Kurtourismus entstanden. Die Gäste strömten immer zahlreicher und kamen schließlich aus ganz Europa. Selbst in höchsten Kreisen fanden die Anwendungen Gefallen. Keine geringere als Hortense de Beauharnais (siehe S. 88), die einstige First Lady des zu Ende gehenden französischen Kaiserreichs und Mutter des späteren Kaisers Napoleon III., besuchte mehrfach den kleinen Kurort. Neben die Trinkkur traten auch andere Anwendungen wie Badekuren. Der Ablauf einer »normalen« Kur bestand darin, dass die Sennen um zwölf Uhr nachts mit der Käseherstellung begannen. Gegen drei Uhr waren sie mit ihrer Arbeit fertig und füllten die Molke in vorgewärmte »Tansen«, die sie anschließend so schnell wie möglich ins Tal brachten. Pünktlich um sechs Uhr morgens läutete in Gais ein Glöckchen, das den Beginn der Kur ankündigte. Es galt bis zum Frühstück alle 15 Minuten ein Glas zu trinken und sich ordentlich zu bewegen. Um 8.30 Uhr gab es ein »währschaftes« Frühstück. Danach gingen die Gäste spazieren oder widmeten sich der Lektüre bzw. Konversation. Um 12.30 Uhr folgte das Mittagessen, bestehend aus Fisch und Braten sowie einem Dessert aus heimischen Früchten und Kaffee. Ausflüge rundeten den Nachmittag ab. Zu Abend gegessen wurde um 20 Uhr à la Carte. Feuchtfröhlich klang der Tag aus. Tag für Tag das gleiche Programm, und das drei bis vier Wochen lang.

Mit dem Ersten Weltkrieg und der immer einflussreicher werdenden pharmazeutischen Industrie neigte sich die Erfolgsgeschichte der Molkekuren langsam ihrem Ende zu, was zunächst einen wirtschaftlichen Niedergang zur Folge hatte. Allerdings dauerte dieser nicht lange an, denn zeitgleich entwickelte sich der »gewöhnliche« Tourismus zu einem soliden wirtschaftlichen Faktor. Heute ist Molke in vielerlei Form wieder in aller Munde. Sei es in Nahrungsergänzungmitteln, Babynahrung, Backwaren, Schokoladeprodukten oder Eis. Und dann natürlich in allen Formen von biologischen Pflegeprodukten. Dieser Trend startet gerade erst durch. Wohl dem, der die Zeichen der Zeit erkannt hat!

ab 1796 Flottenwettrüsten auf dem See – die Franzosen sind schon wieder da

Spätestens mit der Französischen Revolution von 1789 hörte auch am See die Lebensfreude des Barock und Rokoko auf. Frankreich exportierte gewaltsam die Errungenschaften von »Freiheit, Gleichheit und Brüderlichkeit« in Richtung Westen und sorgte für politische Umwälzungen – anfänglich von den Menschen durchaus begrüßt: Der Thurgau erhielt nach knapp 300 Jahren Unterdrückung durch die Alte Eidgenossenschaft endlich seine Freiheit und entwickelte sich zu einem selbstständigen Staat. Das war aber nur eine Seite der Medaille. Gleichzeitig überzogen die sogenannten Revolutions- oder Koalitionskriege Europa. Sie brachten für die Menschen erneut (siehe S. 74) Plünderungen, Vergewaltigungen, Elend und Zwangsrekrutierung. Bereits 1796 war es bei Konstanz, Lindau und Bregenz zu kleineren, für Frankreich siegreichen Gefechten gekommen. Drückende Einquartierungen folgten.

1799 wurde der Bodensee wieder zum Kriegsschauplatz. Bei Feldkirch (VBG), Stockach (Landkreis Konstanz), Frauenfeld (TG), Messkirch (Landkreis Sigmaringen), Konstanz und Zürich stießen die Gegner aufeinander: Österreicher und Russen auf der einen Seite gegen Franzosen, zwangsweise verstärkt durch Schweizer »Hilfstruppen«, auf der anderen. Das Kriegsglück wechselte häufig.

Erzherzog Karl (1771–1847), Oberbefehlshaber der österreichischen Truppen im süddeutschen Raum, ordnete schon im März den Aufbau einer Bodenseeflotille an. Ihr Heimathafen war Bregenz. Nach den Erfahrungen des Dreißigjährigen Krieges bestand auch dieses Mal das Ziel darin, die Nachschubwege über den See zu sichern, feindliche Kriegsschiffe zu bekämpfen sowie Kanonaden und Landungsunternehmen gegen vom Feind besetzte Gebiete zu unternehmen. Das Kommando erhielt ein in österreichischen Diensten stehender Brite: Baron James Ernest Williams. Flüchtige königlich-französische Marineoffiziere und erfahrene Schiffsleute rund um den See unterstützten ihn dabei. Schon bald konnte er eine größere Flotte zusammenstellen und ausrüsten. Die am Schweizer Ufer liegenden Franzosen zogen nach und stellten ihrerseits einen Verband auf. Schon bald kam es zu Gefechten auf und am See: Konstanz, Langenargen, Bregenz, die

Französische Truppen plündern am Bodensee.

Rheinmündung, Arbon, Altnau, Münsterlingen und Kreuzlingen waren immer wieder Schauplatz von Kampfhandlungen, die sich auch auf den Untersee ausdehnten. Bei Rorschach kam es sogar zu einem großangelegten Landungsunternehmen der Österreicher, die Sankt Gallen befreiten und bis nach Gossau vorrückten. Wie gesagt, der Kriegsverlauf änderte sich. Die Franzosen kehrten zurück, besetzten wieder das Südufer des Sees und brachten von Zürich aus zusätzliche Schiffe an den See. Immer wieder stießen die beiden Kontingente aufeinander.

Am 26. April 1800 wäre es denn beinahe zwischen Hard (VBG) und Rorschach (SG) zu einer großen Seeschlacht gekommen, allerdings zogen sich die Franzosen vorsichtshalber zurück. Ihren weiteren militärischen Erfolg hielt das aber nicht auf. Im nördlichen Hinterland des Sees erlitten die Österreicher eine Niederlage nach der anderen und mussten Richtung Heimat fliehen. Für den an sich erfolgreichen Oberst Williams bedeutete das ebenfalls Rückzug. Befehlsgemäß rüstete er seine Flotte ab. Pensioniert starb er vier Jahre später mit nur 43 Jahren in Wien.

Fast wäre damit das Ende des Seekriegs gekommen. Allerdings überfiel am 29. Juni 1809 eine neue österreichische Flotte von Bregenz aus Konstanz, beschlagnahmte alle Geschütze und Pulvervorräte und zog sich am gleichen Tag wieder zurück. Warum? Drei Jahre zuvor war das einstmals vorderösterreichische Konstanz im Frieden von Pressburg an das auf Seiten Frankreichs stehende Großherzogtum Baden gefallen. Nun konnte sich Habsburg noch einmal rächen.

ab 1815 Eine Königin macht Dampf – die Zeiten ändern sich nachhaltig

Historiker bezeichnen den Bodensee um 1800 gerne als ein »Museum des Mittelalters«. Die Strukturen und Lebensumstände waren trotz aller politischen Umbrüche seit dem prägenden 15. Jahrhundert weitgehend stabil geblieben. Mit dem Ende der Napoleonischen Kriege änderte sich das aber schlagartig. Kaum jemand brachte diese Entwicklung so deutlich zum Ausdruck wie die Französin Louise Cochelet in ihrem Tagebuch:

»Vor fünfzehn Jahren [1815] fehlten [am Bodensee] alle jene Annehmlichkeiten, die man […] gern vorzufinden wünscht; aber seither hat sich [alles] sehr verändert. Schöne Kaufhäuser und großartige Geschäfte wurden eröffnet, Fabriken gegründet, ein Kasino wurde eingerichtet. Dampfschiffe durchfurchen den Ober- und den Untersee und befördern jährlich Zehntausende von Fremden. Die Gasthöfe [auf der deutschen Seite] wetteifern mit den schönen Hotels der Schweiz und empfehlen sich durch die niedrigen Preise ebenso wie durch die Sauberkeit, die man hier antrifft; so ist der [Bodensee] heute eine der [Landschaften], die es am meisten verdienen, die Aufmerksamkeit der Fremden auf sich zu lenken; die schöne Lage [des Sees] hat nicht ihresgleichen in Europa.«

Louise Cochelet war Freundin und Vertraute von Hortense de Beauharnais, Exkönigin von Holland und vertriebene First Lady des kaiserlichen Frankreichs. Mit ihr zusammen kam sie im Dezember 1815 an den Bodensee. Königin Hortense oder die »Frau Herzogin« (von Saint Leu), wie sie auch gerne genannt wurde, brachte das Wissen und die Ideen der bis dato führenden Nation Europas in die Provinz und katapultierte so die Menschen aus dem gefühlten Mittelalter in die damalige Gegenwart. Die Beispiele hierfür füllen Bände: Aus Sicht des Seekindes steht natürlich ganz oben auf der Liste die Gründung der ersten Dampfschifffahrtsgesellschaft. Hortense liebäugelte mit dem Gedanken dazu schon lange. Wäre das Kaiserreich nicht untergegangen, hätte sie eine solche Gesellschaft in Paris gegründet. Nun griff die Königin am Bodensee darauf zurück. 1817 lief auf ihre Veranlassung in Konstanz der erste Raddampfer vom Stapel. Er trug den Namen »Stephanie«, benannt nach ihrer Cousine Stéphanie, der Großherzogin von

Baden. Obwohl das Schiff eine zu geringe Maschinenleistung hatte und nie richtig fuhr, begann damit eine neue Ära auf dem See. Bis heute nennt man übrigens – in Anlehnung an den glücklosen Dampfer – ein bewegungsunfähiges Schiff in Volksmund eine »Steh-far-nie«. Ihr Sohn, Louis Napoléon, der spätere zweite Kaiser der Franzosen, versammelte auf ihrem Schloss Arenenberg (TG) und später auch in Gottlieben (TG) einen republikanischen »Verschwörerkreis«. Dieser zog Liberale, Revolutionäre und Republikaner aus ganz Europa und vom amerikanischen Kontinent an. Am zahlreichsten vertreten waren Personen aus der werdenden Schweiz und den angrenzenden süddeutschen Monarchien, vor allem aus Baden, Württemberg, Bayern und Österreich. Beschäftigte sich ihr Sohn mit Politik, stand für Hortense das klassische Salonleben aus Frankreich im Vordergrund. Sie brachte die prägenden Persönlichkeiten ihrer Zeit an den Bodensee: Franzosen, Engländer, Deutsche, Schweizer, Polen, Holländer – egal, welcher Profession oder welcher politischen Überzeugung. Gleichzeitig unterstützte sie die notleidende einheimische Bevölkerung, aber auch politische Flüchtlinge, die in dieser Zeit immer wieder das Bodenseegebiet überschwemmten.

Hortense de Beauharnais als Stilikone auf Arenenberg

Vor allem am westlichen See ist die Erinnerung an Napoleon III., den »Kaiser vom Bodensee«, und seine Mutter noch sehr in der Bevölkerung verankert. Wer die beiden besser kennenlernen möchte, kann dies bei einem Besuch auf ihrem Schloss und Gut Arenenberg (TG) tun. Ihre Geschichte ist hier so lebendig, dass man meint, die beiden kämen jeden Augenblick von einem Spaziergang durch den Park zurück, um ihre Gäste zu begrüßen.

1821 Unterdrückt, zernichtet und vertilgt – das vorläufige Ende des Bistums Konstanz

Ähnlich wie die heutigen EU-Gegner im Falle des *Brexits* sahen Nationalisten des 19. Jahrhunderts in der Auflösung des Bistums Konstanz einen überwältigenden Sieg ihrer Sache. Die weitgehend neu etablierten Nationalstaaten hatten die gleiche Intension wie die römisch-katholische Kirche: Konstanz – sozusagen als letzten Hort des Mittelalters – zu beseitigen. Eigentlich erstaunlich, denn die neuen Staatsgebilde standen überwiegend dem Protestantismus nahe. Eine Zusammenarbeit zwischen beiden Glaubensrichtungen war gerade in dieser Zeit eher ungewöhnlich.

Freiherr Ignaz Heinrich von Wessenberg, Generalvikar und Verweser des Bistums Konstanz

Aber alles der Reihenfolge nach: Schon Kaiser Joseph II. (1741–1790) verfolgte in seiner Religionspolitik das Ziel, die Diözesangrenzen in seinem Herrschaftsgebiet neu zu regeln. Für das Bodenseegebiet hätte dies eine Abtrennung des Vorarlbergs bedeutet. Dem Konstanzer Fürstbischof Carl Theodor von Dalberg (1744–1817), der in Personalunion mehrere Bistümer führte sowie Fürstprimas und Reichserzkanzler war, gelang es zunächst, die geplante Beschneidung abzuwenden. Die Säkularisierung der weltlichen Besitztümer konnte er allerdings nicht verhindern. Alle rechts des Rheins liegenden Gebiete fielen dem Markgrafen von Baden zu, die auf der linken Rheinseite wurden auf die Kantone Zürich, Schaffhausen, Sankt Gallen, Aargau und Thurgau übertragen. Das Bistum selbst blieb als kirchliche Instanz zunächst erhalten und wurde 1802 an den Domkapitular Freiherr Ignaz Heinrich von Wessenberg (1774–1860) zur Verwaltung übertragen. Allerdings hatte sich unter den Landesregierungen die Auffassung durchgesetzt, dass in Religionsfragen eine Staats- sprich Nationalkirche anzustreben sei. Denn nur so könne eine volle staatliche Souveränität erreicht werden. Somit arbeiteten die zuständigen Beamten in Baden, Hohenzollern, Württemberg, Bayern, Österreich und in Teilen der Schweizer Kantone mit Nachdruck (und schlussendlich erfolgreich) daran, auch das Bistum selbst aufzulösen und neue Diözesen zu schaffen oder alte zu vergrößern. Wessenberg hatte aber nicht nur mit diesen Bestrebungen zu kämpfen. Seine Reformbemühungen und vor allem seine aus der Tradition der mittelalterlichen Reichskirche stammende Überzeugung, Bischöfe müssten Ansprüchen Roms gegenüber Eigenständigkeit beweisen, führte zu einem Machtkampf mit dem zuständigen päpstlichen Nuntius in Luzern. Man hielt den Generalvikar für einen »Kirchenzerstörer«. Diesem »Mehrfrontenkrieg« waren weder Wessenberg noch sein traditionsreiches Bistum auf Dauer gewachsen. Ab 1815 wurden auf Betreiben Roms zunächst die schweizerischen und in der Folge die restlichen Teile abgetrennt. Übrig blieb nur noch ein rein badisches Landkapitel, dem die beiden Fürstentümer Hohenzollern zufielen. Das allein hätte zwar das Weiterleben eines Bistums Konstanz möglich gemacht, aber die römische Kirche wollte das »Wessenberg-Problem« lösen. Mit einem Bischofssitz in Konstanz ging das nicht. Willkürlich beharrte die *sancta ecclesia* darauf, ein neues Bistum zu gründen und nicht einfach nur Sitz und Titel von Konstanz nach Freiburg zu verlegen. Voilà! Mit einem Federstrich war scheinbar alles erledigt.

Allerdings wird aus Unrecht nicht automatisch Recht, nur weil es Rom so vorsieht. Gerade in der Schweiz blieb die Erinnerung an das Bistum Konstanz sehr lebendig. Die Regierung des Thurgaus verfolgte das Ziel, die Stadt und damit die Schweizer Teile des Bistums an sich zu ziehen – was erneut den Wiederstand Roms auslöste. Erst nach jahrelangen schwierigen Verhandlungen einigte man sich auf den heutigen Zustand, wonach Sankt Gallen neu geschaffen wurde und Basel sowie Chur vergrößert. »Ironie der Geschichte«, schreibt Christoph Schmider, Leiter des erzbischöflichen Archivs in Freiburg, »ist hierbei, dass bis heute Reste des Bistums Konstanz ein Schattendasein führen, da sich mehrere Schweizer Kantone noch immer nicht endgültig für die Zugehörigkeit zu einem anderen Bistum entschieden haben.« Also besteht weiter Hoffnung auf ein (neues) Bodensee-Bistum …

1853 Ohne Rücksicht auf Verluste – grenzenloser Fortschrittsglaube

Den Rheinfall sprengen? Eine Brücke über den See? Öl- und Chemieverladung bei Fussach (VBG)? Großhäfen mit ausgedehnten Industrieanlagen und ein internationaler Großflughafen im (heutigen Naturschutzgebiet) Wollmatinger Ried (Konstanz) und im Tägermoos (TG)? Flächendeckende Warenumschlagplätze in Überlingen (Bodenseekreis), Friedrichshafen (Bodenseekreis), Lindau (BY), Rorschach (SG)? Wasserkraftwerke zwischen Stein am Rhein und Schaffhausen?

Utopien eines psychisch Kranken? Keineswegs! Ausgefeilte Pläne für die Industrialisierung des Bodensees lagen spätestens seit der Mitte des 19. Jahrhunderts auf dem Tisch und wurden an allen Ufern wohlwollend diskutiert. Ein Netz von Kanälen sollte den See mit schiffbaren Flüssen und sogar dem Schwarzen Meer verbinden. »[…] in greifbarer Zukunft [ist] der Weg zum Meer offen«, steht im »Bodensee-Handbuch für Segler, Motorbootfahrer und Wanderruderer« des Jahres 1912 zu lesen, und weiter: »Aus den rauchigen Tiefen des Niederrheins dringt die Großschifffahrt bis zum Fusse der Alpen vor. Bald werden die Rauchfahnen der Schleppzüge mit zum Bild des Bodensees gehören.« Was für eine Vorstellung!

Und doch aus damaliger Sicht verständlich: Die Menschen litten einerseits unter den ständigen Hochwassern und meinten mit einer künstlichen Regulierung des Sees den Naturgewalten Herr werden zu können. Andererseits kamen sie sich wirtschaftlich und kulturell abgehängt vor – im Gegensatz zur großen Zeit des 15. Jahrhunderts sprach niemand mehr von ihnen. Königin Hortense (siehe S. 88) hatte aus Frankreich einen Kuchen namens »Moderne« mitgebracht, nun wollte jeder ein Stück davon haben. Zuerst die Schiffsverbindungen mit dem Raddampfer: Gefährlich, sehr gefährlich, unzählige Wracks liegen auf dem Seegrund und zeugen von der Unberechenbarkeit des Wassers. Dann die Eisenbahn: Langsam, sehr langsam schritt deren Ausbau voran. 1849 gab es eine württembergische Verbindung nach Friedrichshafen, 1853 eine bayrische nach Lindau, 1863 eine badische nach Konstanz. Erst von dort ging's weiter in die Schweiz. Und zwischen den Orten? Von einer Umfahrung des Sees wurde aufgrund der komplizier-

Selten zu sehen: ein Trajektschiff bei hohem Seegang

ten politischen Umstände abgesehen. Eine durchgehende Verbindung gibt es übrigens bis heute nicht. Erfindungsreichtum war gefragt. Die Lösung fand sich in Form von Trajektschiffen. Darauf wurden die Eisenbahnzüge verladen und bis 1979 über den See geschoben.

Wie aber ging es mit den Projekten für ein zweites Ruhrgebiet weiter? Viele Pläne und Verträge wurden ausgearbeitet und geschlossen, 1929 sogar ein Staatsvertrag zwischen Baden und der Schweizer Bundesregierung. Allerdings regte sich nun auch erster Widerstand seitens der Bevölkerung. Wissenschaftler, Künstler und Touristiker äußerten sich ebenfalls zunehmend kritisch. Der berüchtigte Börsenkollaps (25. Oktober 1929) fegte alle Ideen vom Tisch. Für hochtrabende Projekte fehlte nun schlicht das Geld. Während des Nationalsozialismus standen kriegswichtige Ziele im Vordergrund, außerdem wurde ein für damalige Verhältnisse fortschrittliches Naturschutzgesetz erlassen. Eine Wiederbelebung der Industrialisierung des Bodensees rückte auch nach dem Krieg in immer weitere Ferne. Wer hätte die enormen Kosten tragen sollen?

1972 erklärte schließlich der baden-württembergische Ministerpräsident Hans Filbinger die Projekte für gestorben. Der Bodensee als Trinkwasserspeicher für den Großraum Stuttgart schien ihm viel wichtiger. Ein Jahr später kam es im Kanton Thurgau zu einem Volksbegehren. In dessen Verfassung wurde nun ein Artikel aufgenommen, der ausdrücklich verbietet, an Bodensee und Rhein Schleusen, Kraftwerke und Frachthäfen zu bauen. Es brauchte aber noch einmal 25 Jahre, bis mit der Auflösung des Österreichischen Rheinschifffahrtsverbands der endgültige Schlussstrich unter den wohl größten Unsinn in der Geschichte des Bodensees gezogen wurde.

1875 Kein Sekt, keine Reden, keine Damen – der Vorgänger heutiger Seenachtsfeste

Die grenzüberschreitenden Offizier-Vereinigungen, kurz Reunionen genannt, gab es nur am Bodensee. Ursprünglich als rein militärische Treffen konzipiert, entwickelten sie sich zum Höhepunkt der zivilen Tourismus-Saison am See. Ihre Organisation bot die Blaupause für die heutigen Seenachtsfeste. Unterbrochen durch den Ersten Weltkrieg, folgte 1919 ein bescheidener Neubeginn. Die Nationalsozialisten bereiteten dem Fest 1933 ein vorläufiges Ende. 1993 kam es durch Angehörige des österreichischen Bundesheeres, der Schweizer Armee und der Bundeswehr zu einer modifizierten Wiederbelebung. Der »Internationale Sommernachtsball der Bodensee-Offiziere« gilt heute als ein Höhepunkt der Saison.

Spätestens ab 1875 trafen sich Offiziere aus dem Großherzogtum Baden, den Königreichen Württemberg und Bayern sowie der Donaumonarchie einmal im Jahr wechselnd in den Garnisonstädten Konstanz, Friedrichshafen (die eigentliche Garnison lag in Weingarten), Lindau und Bregenz. Ein Thurgauer, St. Galler oder Schaffhauser Ort beteiligte sich nicht, unter den Teilnehmern befanden sich aber auch Offiziere aus der Schweiz. Dienten die Besuche anfangs noch dem Austausch von Höflichkeiten bzw. der Kameradschaft, nahm schon bald die Bevölkerung regen Anteil. Die Organisatoren verlegten die Feste deshalb auf größere Flächen. Private Anbieter sorgten für die Verpflegung der immer zahlreicher

Idealansicht einer Reunion in Bregenz

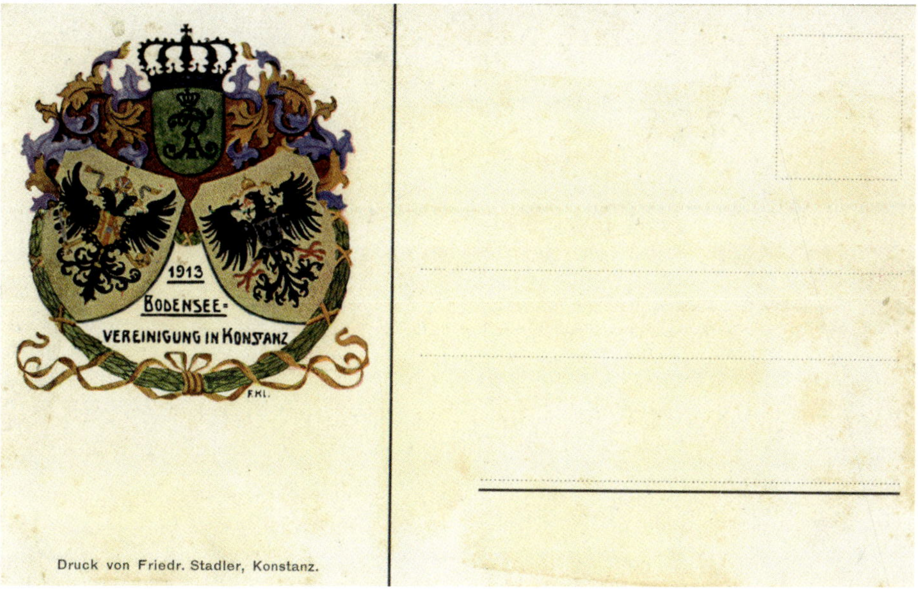

Rückseite der Festpostkarte von 1913 (Konstanz)

werdenden Zivilisten. Kein Wunder, denn das Militär garantierte kostenlose Unterhaltung. Spektakuläre Schiffsmanöver, Musik und Feuerwerk gehörten zum festen Programm.

In der Regel begannen die Veranstaltungen mit der Einfahrt von drei Dampfern aus den benachbarten Garnisonen. Sie wurden auf dem See von einem »einheimischen« Schiff begrüßt. Es folgte ein haargenau vorgeschriebenes Manöver aller Schiffe, das bis ins letzte Detail durchchoreografiert war. Nach dem Anlegen bewegten sich die Soldaten der unterschiedlichen Nationen unter dem Spiel ihrer Musikkorps durch die reich geschmückten Städte zum Festplatz. Dort bedienten junge Frau-

Vorderseite der Festpostkarte von 1899 (Lindau)

Vorderseite der Festpostkarte 1910 (Bregenz)

en und Ordonnanzen in historischen oder Fantasie-Uniformen die zahlreichen Einheimischen und Touristen, unterhalten von den Regimentskapellen. Den ersten Höhepunkt bildete ein gemeinsames Konzert der vereinten Musiker. Es mündete im Großen Zapfenstreich. Zur Heimfahrt der »fremden« Dampfer wurden an Land ein Feuerwerk und bengalische Beleuchtung abgebrannt. Die vollbeleuchtet ausfahrenden Schiffe antworteten ihrerseits mit Feuerwerk. Auf dem See befanden sich zahlreiche Privatboote mit Lampions und anderen bunten Lichtern und verabschiedeten die Heimfahrenden. Sogar die Weltpresse nahm immer wieder Kenntnis von den Festlichkeiten. Die renommierte Londoner »Times« etwa berichtete im Jahr 1906 ihren Lesern. Mit dem Ausbruch des Ersten Weltkriegs und dem Ende der Monarchie verschwanden die glänzenden Treffen. Was ab 1919 unter der Bezeichnung »Bodensee-Jahresfest« folgte, war ein gut gemeinter Versuch, an die große Tradition anzuknüpfen. Die »Zeiten sind ernster, die Menschen sind bescheidener geworden. Keine reichbewimpelten Schiffe, kein stolzes Geschwader, keine Festkarten, Festzeichen und Festzeitungen helfen mehr das Fest zu verschönern; der Grundton des Ganzen soll jedoch der gleiche bleiben, ein gemütliches Zusammensein […].« beschreibt die »Konstanzer Zeitung« 1924 die Situation. Die von den Nationalsozialisten im Juli 1933 gegen Österreich verhängte 1000-Mark-Sperre (Deutsche mussten beim Grenzübertritt nach Österreich eine Gebühr von 1000 Reichsmark an ihr Land bezahlen) bedeutete das Ende für eine allenfalls nostalgische Erinnerung.

Titelseite des Festprogramms 1910 (Bregenz)

1900 Wer wird denn gleich in die Luft gehen? Graf Ferdinand von Zeppelin natürlich!

Auch wenn es die Leser aus Friedrichshafen sehr schmerzen wird: Nein, Graf Ferdinand von Zeppelin (1838–1917) war kein Häfler! Aber dafür wenigstens ein echter Seehase. Geboren wurde er 1838 in Konstanz (ehemaliges Dominikanerkloster) als Sohn des in Hohenzoller-Sigmaringischen Diensten stehenden Oberhofmarschalls Graf Friedrich Jerôme Wilhelm Karl von Zeppelin (1807–1886) und dessen Frau Amélie Françoise Pauline Macaire d'Hogguèr (1816–1852). Seine Eltern hatten sich auf Schloss Arenenberg (TG) kennen- und lieben gelernt. Ferdinand wuchs in Konstanz und auf dem nahen Schloss Girsberg (Tägerwilen, TG) auf. Später (mit 15 Jahren) besuchte er in Stuttgart die Schule und trat anschließend in die württembergische Kadettenanstalt ein. Es folgten verschiedene militärische Verwendungen sowie Bildungsreisen. 1869 heiratete von Zeppelin die vermögende baltische Freifrau Isabella von Wolff-Alt-Schwanenburg (1846–1922). In den Kriegen von 1866 und 1870 zeichnete sich der Graf durch persönliche Tapferkeit aus und erhielt hohe Orden. Schon damals erkannte er den (militärischen) Wert eines lenkbaren Luftschiffes.

Aus dem Militärdienst verabschiedet, widmete sich Ferdinand von Zeppelin ganz der Konstruktion seiner Erfindung. 1898 erhielt er ein Patent auf einen »Lenkbaren Luftfahrzug mit mehreren hintereinander angeordneten Tragkörpern«. Allerdings gestaltete sich die Finanzierung des Baus mehr als schwierig. Trotz aller Widrigkeiten gelang es ihm mit den spektakulären Aufstiegen seines »LZ 1« über dem Bodensee vor Friedrichshafen nicht nur die Bevölkerung zu begeistern. Seine Majestät Kaiser Wilhelm II. (er hatte den Grafen kurz vorher noch »als den Dümmsten aller Süddeutschen« bezeichnet) geruhten dem Luftfahrtpionier sogar den Roten Adlerorden I. Klasse (eine der höchsten preußischen Auszeichnungen) zu verleihen. Die Weiterentwicklung »LZ 4« verunglückte in der Nähe von Echterdingen (bei Stuttgart), was eine Welle von Hilfsbereitschaft in der Bevölkerung auslöste. Die »Zeppelinspende des deutschen Volkes« brachte so viel Gewinn, dass Zeppelin die noch heute existierende Luftschiffbau Zeppelin GmbH und die Zeppelin-Stiftung gründen konnte. Es folgten Zeppelinbauten, die

Erster Aufstieg eines Zeppelins über dem Bodensee

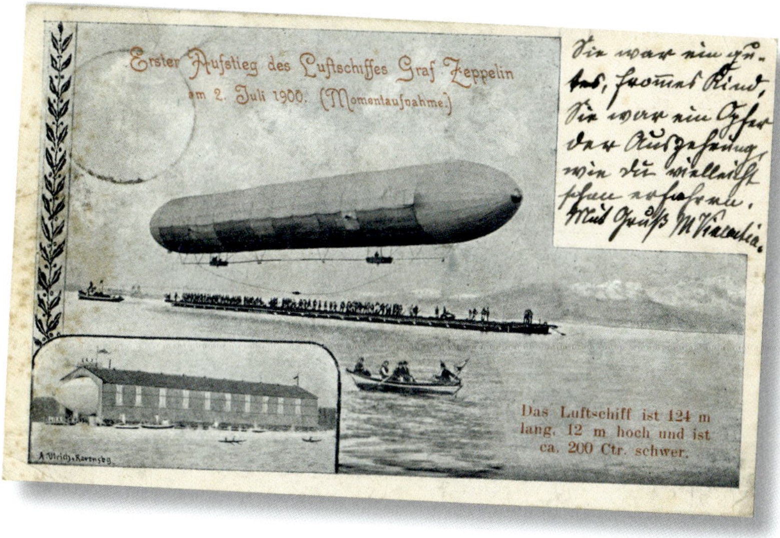

sowohl im militärischen wie auch im zivilen Bereich Verwendung fanden. Die Einsätze von Zeppelinen im Ersten Weltkrieg zeigten deren stark beschränkten militärischen Nutzen, aber sie erbrachten gleichzeitig auch wertvolle Erkenntnisse für die Weiterentwicklung dieser Flugmaschine. Zeitgleich unterstützte der für technische Neuerungen offene Graf den Bau und die Konstruktion von Motoren (später Maybach Motorenwerke) und Riesenflugzeugen, mit denen sich besonders Claude Dornier (siehe S. 104) einen Namen machen sollte. Graf Ferdinand von Zeppelin starb 1917 in Berlin und wurde auf dem Stuttgarter Pragfriedhof beerdigt.

Nach dem Tod des Grafen gelang es seinem Nachfolger Hugo Eckener (1868–1954) von Friedrichshafen eine Renaissance der zivilen Luftschifffahrt ins Leben zu rufen. Schon 1919 wurde mit »LZ 120 Bodensee« der weltweit erste fahrplanmäßige Luftschiffverkehr mit Passagieren und Post aufgenommen. Allerdings verlangten die Siegermächte des Ersten Weltkriegs kurze Zeit später die Auslieferung des Schiffes nach Italien. Spätestens mit der Weltfahrt von »LZ 127 Graf Zeppelin« (1929) waren die starren Luftschiffe auf dem Höhepunkt ihres Ruhms angekommen. Mit »LZ 129 Hindenburg« konnte ein regelmäßiger Liniendienst über den Nordatlantik ins Auge gefasst werden. Diese Pläne endeten abrupt mit der Explosion des Schiffes in Lakehurst (New Jersey, USA). Warum es zu der Katastrophe kam, ist bis heute umstritten.

Trotzdem übt das Luftschiff – und hier besonders die »Hindenburg« – eine ungebrochene Faszination aus. Wer sich ihr hingeben möchte, kann dies im Friedrichshafener Zeppelin Museum tun oder einen Rundflug mit dem »Zeppelin NT« über den Bodensee buchen – ein unvergessliches Erlebnis.

1914 Wir waren auch dabei – Männer aus der Schweiz kämpfen im Deutschen Heer

Der junge Mann hieß Georg Klöckler. 1914 meldete er sich freiwillig mit Freunden zum Kriegsdienst im Deutschen Heer. 1915 wurde er verwundet und kam ins Lazarett.

Eine Biografie, wie sie in ähnlicher Form wohl bei Tausenden Soldaten in dieser Zeit vorkam. Was macht sie so besonders? Georg Klöckler war Schweizer! Genauer gesagt, kam er aus Chur (GR).

Leutnant Adolf Merk (links) mit einem unbekannten Kameraden

Als sein Ausbilder fungierte wohl Leutnant Adolf Merk. Er stammte aus Felben (TG) und besaß in Frauenfeld (TG) ein florierendes Textilgeschäft. Bei Kriegsbeginn zählte er bereits 54 Jahre – ein Greis für damalige Verhältnisse. Die Thurgauer Zeitung (Frauenfeld) berichtete ausführlich über Merk und seine Tapferkeit. Er war einer der bekanntesten und beliebtesten Offiziere im 6. Badischen Infanterie Regiment »Kaiser Friedrich III.« Nr. 114 (Konstanz). Schwer verwundet, kehrte er doch immer wieder zu seinen »114ern« an die Front zurück und kämpfte in deren Reihen bis zum Kriegsende 1918/19. Für seinen Einsatz wurde Merk mehrfach hoch ausgezeichnet: Eisernes Kreuz erster und zweiter Klasse, Orden vom Zähringer Löwen, Karl-Friedrich-Militär-Verdienstorden, Verwundetenabzeichen etc.

Georg Klöckler und Adolf Merk stehen stellvertretend für ein weitgehend unbekanntes Kapitel der Bodensee-Geschichte. In den »deutschen« Regimentern von Konstanz (6. Badisches Infanterie Regiment Nr. 114), Lindau (20. Königlich Bayrisches Infanterie Regiment) und Weingarten (6. Württembergisches Infanterie Regiment Nr. 124) dienten jede Menge Soldaten aus praktisch allen Kantonen der Schweiz. Wie das Beispiel der Konstanzer Garnison zeigt, standen an erster Stelle Männer aus dem Thurgau, gefolgt von Zürich, Basel (beide), Sankt Gallen und Schaffhausen.

Primär handelte es sich dabei um Auslandsdeutsche, aber auch um freiwillige Schweizer wie besagten Georg Klöckler. Gemeinsam durchlebten sie die Schrecken des Krieges in all ihren Facetten und wurden ohne Unterschied traumatisiert.

Leutnant Adolf Merk in einem Ruhelager seines Regiments

Warum für Deutschland dienen? 1914 war die Schweiz in Unterstützer der deutschen und französischen Seite gespalten. Der vielzitierte Röstigraben entstand. Das Eintreten in fremden Militärdienst besaß eine lange und wechselvolle Tradition. Für einzelne Schweizer Bürger wurde es erst mit dem Inkrafttreten des Militärstrafgesetzbuches von 1929 endgültig strafbar. Abenteuerlust, Traditionspflege des Söldnertums, Flucht vor Strafverfolgung oder vor zu engen Familienbanden und natürlich wirtschaftliche bzw. finanzielle Überlegungen mögen die Gründe für den Eintritt ins ausländische Militär gewesen sein. Den für Frankreich kämpfenden Männern gedachte man später auf Denkmälern. Sie hatten auf der siegreichen Seite gestanden. Die »Deutschen« wurden offiziell eher vergessen und verdrängt.

Nach dem Waffenstillstand kehrten die Soldaten aus der Schweiz meist in ihre Heimat zurück und nahmen ihr angestammtes Leben wieder auf. Viele von ihnen ließen sich anschließend einbürgern. Spätestens die Annahme der Schweizer Staatsbürgerschaft sorgte dafür, dass der Erste Weltkrieg und das Leid seiner Schlachten auch zu einem Teil von Schweizer Familiengeschichten wurde, genau wie in Frankreich, Italien, Deutschland, Österreich, Ungarn, Großbritannien, Belgien, Russland usw. Die entsprechenden Unterlagen oder Auszeichnungen wie das Eiserne Kreuz werden vielfach bis heute in Ehren gehalten und pietätvoll aufbewahrt.

1925 Sie saßen auf heißen Kohlen – wie der Müller-Thurgau seinen Siegeszug begann

»Im Müller-Thurgau zeigt sich die Seele der Seelandschaft wie in keinem anderen Wein«, sagt Wilhelm Röhrenbach aus Immenstaad (Bodenseekreis). Und er muss es wissen, denn sein Großvater war es, der den *Müller-Thurgau*, *den* Bodenseewein, im wahrsten Sinne des Wortes hoffähig machte.

Doch zurück zu den Anfängen: Schon 1882 hatte der aus Tägerwilen (TG) stammende Dr. Hermann Müller (1850–1927) an der »Königlichen Lehranstalt für Obst- und Weinbau« in Geisenheim (Rheingau/Hessen) die Neuzüchtung einer Weinrebe angekündigt. Müller, der aus einer alteingesessenen Thurgauer Winzer- und Bäckerfamilie stammte (daher die spätere Bezeichnung und der Name *Müller-Thurgau*), erinnerte sich nicht mehr genau, aus welchen Kreuzungspartnern die Neuzüchtung entstanden war. Außerdem interessierte sich kaum jemand für seine eigentlich vielversprechende Züchtung. Nachdem er einen Ruf als Leiter der »Versuchsstation für Obst-, Wein- und Gartenbau« (heute Agroscope) in Wädenswil (ZH) am Zürichsee erhalten hatte, nahm er – trotz oder vielleicht gerade wegen der geringen Wertschätzung durch seine Vorgesetzten – 150 Stecklinge seiner Neuzüchtung mit. Unter der Bezeichnung *Riesling x Silvaner* wurde die Rebe nun in der Schweiz vermehrt. Dabei spielte die Landwirtschaftliche Schule im Schloss Arenenberg (TG) eine zentrale Rolle. Dort und in Deutschland fand schon bald die Sortenbezeichnung *Müller-Thurgau* Verwendung.

Nun kommt wieder die Familie Röhrenbach ins Spiel. Johann Baptist Röhrenbach, der oben erwähnte Großvater, war Verwalter des Schlossguts Kirchberg, das zum Besitz der Markgrafen von Baden gehört. Röhrenbach wusste, wie schlecht es um den Seewein bestellt war. Missernten und eingeschleppte Schädlinge machten den Winzern zu schaffen. Außerdem traf der angebaute Elbling (siehe S. 66) schon lange nicht mehr den Geschmack der Zeit. »Bodensee'schen suuren (sauren) Trunk« nannten ihn nicht nur der Adel und das gehobene Bürgertum. Selbst das gemeine Volk verzog beim Gedanken an den heimischen Elbling das Gesicht und scherzte: »Um den zu trinken, braucht es vier Leute. Einen der trinkt, zwei die ihn dabei festhalten und einen, der ihm den Wein überhaupt eintrichtert. Freiwillig trinkt den niemand«.

Vom Arenenberg aus wacht Bacchus über die Reben am See.

Kann man sich eine schlechtere Ausganglage vorstellen? Röhrenbach wusste, dass am See für den Müller-Thurgau optimale Bedingungen herrschen. Aber der Markgraf und seine Beamten lehnten den Anbau ab. Zoll- und Handelsschranken – seit dem Ersten Weltkrieg gang und gäbe am See –, dazu ein sich anbahnender Handelskrieg mit der Schweiz ... und überhaupt!

Röhrenbach ließ sich aber nicht entmutigen und beschloss selbst zu handeln. Sein 22-jähriger Sohn Albert und der 25-jährige Fischer Gottfried Ainser nahmen das Wagnis auf sich und ruderten kurz nach Mitternacht mit der Gondel von Immenstaad (Obersee) los. Ihr Ziel war der Arenenberg (Untersee). Nur nicht entdeckt werden, lautete die Devise. Nach drei Stunden erreichten sie den Konstanzer Trichter, dann ging es weiter an Gottlieben (TG) vorbei. Hier ist der Rhein nur wenige Meter breit und kann bestens überwacht werden. Alles ging gut. Bei Ermatingen erhielten die beiden 400 Müller-Thurgau-Pfropfreben von Schloss Arenenberg. Nun die gleiche Strecke zurück – gegen die Strömung des Rheins. Wer schon einmal gerudert ist, weiß, was das bedeutet. Und dann noch in einer schweren, unbeweglichen Gondel! Aber der Heilige Josef (Schutzpatron der Schmuggler) half. Nach über acht Stunden Fahrt legten die beiden wieder unbeschadet am Obersee an. Die Stecklinge konnten gepflanzt werden und fanden immer mehr Anhänger. Sehr zur Freude von Bacchus, dem römischen Gott des Weines. Seine Figur steht nämlich oberhalb der Arenenberger Weinberge und beobachtete zweifelnd das Treiben der Winzer um ihn herum. Obwohl sich die Qualität des neuen Bodenseeweins schon bald herumsprach, brauchte es noch Jahre, bis alle Verantwortlichen die Chancen des Anbaus von Müller-Thurgau erkannten. Heute ist er vom See nicht mehr wegzudenken. Grund genug, ihm zu Ehren auf Arenenberg im frühen Herbst ein exquisites Weinfest mit Winzern rings um den See zu veranstalten. Die Röhrenbachs sind natürlich mit dabei!

1930 Das einzige fliegende Weltwunder – DO-X

Friedrichshafen (Bodenseekreis), Lindau, Rorschach (SG) und Altenrhein (SG) sind Teil eines modernen Weltwunders. Wer kann das sonst noch von sich behaupten? Wahrscheinlich niemand!

Wo aber liegen die Anfänge dafür und wer zeichnet sich verantwortlich? Die Suche nach einer Antwort führt uns zunächst ins ausgehende 19. Jahrhundert zurück, und zwar ins mittlerweile bayrische Allgäu, genauer gesagt nach Kempten. Dort wird am 14. Mai 1884 Claude Honoré Desiré Dornier († 1969) geboren. Dornier, Sohn eines französischen Vaters und einer deutschen Mutter, studierte in München Maschinenbau, arbeitete anschließend in verschiedenen Firmen und kümmerte sich um die Weinhandlung seines Vaters, der schwer erkrankt war. Dadurch sicherte er den Unterhalt seiner Geschwister. 1910 erhielt er eine Anstellung in der Luftschiffbau Zeppelin GmbH. Dornier konzentrierte sich zunächst auf die Verbesserung des starren Luftschiffes, wie es Graf Ferdinand von Zeppelin (siehe S.98) entwickelt hatte. Nach einem Besuch der »Internationalen Ausstellung für Luftfahrt« in Paris (1913) erkannten er und Graf von Zeppelin die zukünftigen Chancen von Riesenflugzeugen. Dorniers Abteilung wurde ausgegliedert, zog nach Seemoos (Bodenseekreis) und beschäftigte sich ab dato mit dem Flugzeugbau. Hier und in Reutin (Kreis Lindau) wurden Land-, aber auch schon erste Wasserflugzeuge gebaut. Nach dem Ende des Ersten Weltkriegs verboten die restriktiven Bestimmungen des Friedensvertrags von Versailles (1919) Deutschland den militärischen, später auch den zivilen Flugzeugbau. Damit seine Ideen nicht den Siegermächten zugutekamen, versenkte Dornier einen Prototyp. In einer Nacht- und Nebelaktion ließ er Teile von weiteren Neuentwicklungen über den See nach Rorschach (SG) transportieren. Dort hatte er zuvor einen Bootsschuppen mit Slipanlage angemietet, der zumindest für das Zusammensetzen von Einzelteilen taugte. Es folgten weitere (zivile) Flugzeugentwicklungen, von denen besonders die »Dornier Wal« hervorzuheben ist.

Ab Mitte der 1920er-Jahre gründete Claude Dornier in Altenrhein (SG) eine weitere Fertigungsstätte für seine Flugzeuge. Hier entstand 1928/29 die Dornier DO-X, das größte Flugzeug seiner Zeit, ein Flugboot der Superlative. Niemand hielt es für möglich, dass eine solche Monster-Maschine

Verkehrsflugboot Dornier Do-X mit Ruderboot auf dem Bodensee

fliegen konnte: 40 Tonnen sowie 159 Passagiere und zehn Besatzungsmitglieder, aufs Luxuriöseste untergebracht, wollten in die Luft steigen. Dazu waren zwölf (!) Motoren notwendig, sechs mit einem Zug- und sechs mit einem Druckpropeller. Am 12. Juli 1929 fand – dem Vernehmen nach eher unabsichtlich – der Erstflug statt. Im Oktober startete die DO-X wieder, dieses Mal vollbesetzt, zu einem Rundflug über dem Bodensee. Etwas mehr als ein Jahr später begann ein weltumspannender Repräsentationsflug, der zur Verkaufsförderung dienen sollte. Auf der anderthalb Jahre dauernden Reise wurden die Niederlande, England, Frankreich und Portugal besucht. Nach der Behebung von Brandschäden ging es weiter nach Gran Canaria und entlang der westafrikanischen Küste bis nach Portugiesisch-Guinea. Hier wurde der Atlantik überquert. Von Rio de Janeiro flog die DO-X weiter entlang der südamerikanischen Küste Richtung Norden. Am 27. August 1931 landete sie in New York, wo ihr ein triumphaler Empfang zuteilwurde. Nach dem Winter kehrte die Maschine in fünf Tagen nach Europa zurück, wo sie auf dem Berliner Müggelsee landete. Ein mehrmonatiger »Deutschlandflug« schloss sich an, der auf dem Zürichsee endete. Dann ging es zurück in den Heimat(flug)hafen nach Altenrhein. Allein während der zurückliegenden fünf Monaten des Jahres 1932 hatten über 1 Million Menschen das Riesenflugzeug besichtigt. Ausnahmslos alle waren von den Flugeigenschaften und dem Komfort an Bord überwältigt. Nicht umsonst bezeichneten sie Zeitgenossen als »ein modernes Weltwunder«. Die neuen nationalsozialistischen Machthaber in Deutschland erkannten den Wert der Maschine nicht und standen ihr durchweg kritisch gegenüber. Nach einer Havarie aufgrund eines Pilotenfehlers ordnete das Reichsluftfahrtministerium die Einstellung der Flüge an. Das Flugzeug wurde in die Deutsche Luftfahrtsammlung (Berlin) überführt und während der Massenbombardements weitgehend zerstört.

Wer das Glück hatte, die DO-X selbst im Flug oder auf dem See zu erleben, schwärmt noch heute davon. Immer wieder kam deshalb die Idee auf, einen (allerdings nicht flugfähigen) Nachbau zu schaffen, der als touristische Attraktion und Reminiszenz an dieses Weltwunder im See vor Anker liegen soll.

1938 Die Konstanzer marschieren in Vorarlberg ein

Nachdem der österreichische Bundeskanzler Kurt von Schuschnigg (1897–1977) auf Druck Adolf Hitlers (1889–1945) zurückgetreten war, weigerte sich am 11. März 1938 der österreichische Bundespräsident Wilhelm Miklas (1872–1956) seinen Innenminister Arthur Seyß-Inquart (1892–1946) zum Nachfolger Schuschniggs zu ernennen. Dies lieferte Adolf Hitler den Vorwand zum Einmarsch nach Österreich. Am 12. März 1938 erteilte er der Wehrmacht den Befehl dazu. Für Vorarlberg war das in Konstanz stationierte 14. Infanterie Regiment vorgesehen. Die Konstanzer Soldaten ahnten nichts. Ein Leutnant erinnert sich:

11. März 1938: »Der Kasernenhof, die Unterrichtsräume, der Sportplatz sind belebt von der Pflicht des täglichen Dienstes; es wird viel geübt und vorbereitet auf den Heldengedenktag [staatlicher Feiertag zur sogenannten »Heldenverehrung«: 13. März 1938]. Da schlägt es ein: Mobilmachungsalarm! Das Regiment steht marschbereit! Und diese zwei Sätze ziehen eine Fülle ungewohnter, von der Regel des Dienstes abweichender Befehle und Verrichtungen nach sich. Es entsteht eine wohldurchdachte und gut organisierte Unordnung. […] Angezogen liegen die Soldaten in ihren Betten; am

Angehörige des 14. Infanterie Regiments beim Waffenreinigen im Bregenzer Wald

Pfosten Gasmaske, Stahlhelm, Koppelzeug und das Gewehr. Feldpostkarten und ›letzte Grüße‹ sind geschrieben, auch die Marschportionen: Schokolade, sind ausgegeben. [...] Wenn nur nicht diese Ungewissheit wäre, was eigentlich los ist. [...] Endlich bringt um 22.00 Uhr der Reichssender Stuttgart die Meldung, dass der österreichische Innenminister, Dr. Seyss-Inquart, die deutsche Regierung um Unterstützung durch deutsche Truppen gebeten habe. Kurz darauf kommt auch der Regimentsbefehl, der den Abmarsch auf 7.00 Uhr festlegt, das Verladen auf dem Hauptbahnhof und das Fahrtziel Lindau bekannt gibt. [...] Lindau, es ist der 12. März [...]. [Gegen 17 Uhr] überschreiten [auch] wir die Grenze, von den Zollbeamten und den einzelnen uns begegnenden Menschen [...] freudig und aus ehrlichen Augen begrüßt [nachdem das II. und III. Bataillon unter der Führung des Regimentskommandeurs Generalmajor Erich-Heinrich Clößner (1888–1976) bereits morgens in Bregenz eingerückt waren]. [...] Vier schöne Tage liegen hinter uns. Vier Tage, in denen wir aufs freundlichste bewirtet, in denen wir beim abendlichen Viertele [...] die Menschen des Vorarlbergs kennen und gut leiden gelernt haben [...]. Nun soll das Regiment nach Feldkirch verlegt werden [...] An den Dörfern, durch die wir marschieren, wartet die Regimentsmusik und begleitet uns [...]. [Am Stadtrand rasten wir noch einmal] bringen unsere vom Marsch etwas in Unordnung gebrachte Uniform in Ordnung. Die Fahne wird entrollt, dann beginnt der Einmarsch. [...]«

Tagträume eines deutschen Offiziers? Eher nicht. Auch der österreichische Militärhistoriker Oberst Professor Erwin (Ritter und Edler von) Fitz, intimer Kenner der Vorarlberger Geschichte, nennt die Dinge beim Namen und spricht von jubelnden österreichischen Passanten am Straßenrand beim Einmarsch der deutschen Truppen. Gleichzeitig weist er aber auch darauf hin, dass wenigstens durch Oberst (Ritter von) Kurz [Bataillons- und Ortskommandant von Bregenz] (1883–1952) »den deutschen Truppen ein kühler Empfang bereitet worden sei.«

Am 19. März 1938 kam es zu einem »Gegenbesuch« des Vorarlberger Alpenjägerbataillons in Konstanz. Die österreichischen Soldaten fuhren mit dem Schiff über den See und marschierten vom Hafen unter den Klängen ihrer Militärmusik in die Chérisy-Kaserne. Anschließend gab es Freibier und Schüblinge. Wie ihre Nachbarn aus Vorarlberg stand auch die Konstanzer Bevölkerung entlang der Straßen Spalier und jubelte den österreichischen Soldaten den langen Weg durch die Stadt begeistert zu.

ab 1940 Von der Heimatfront zur Front – der Krieg und sein Ende

Wer heute durch die schöne Bodenseegegend fährt, kann sich kaum vorstellen, dass auch hier, in der trügerisch-idyllischen Provinz, beträchtliche Spuren des Zweiten Weltkriegs vorhanden sind. Man sieht sie auch nicht richtig. Nur wer genau hinschaut, entdeckt etwa einen Wegweiser »KZ-Friedhof«. (Birnau–Uhldingen–Mühlhofen, Bodenseekreis). Eine zeitliche und inhaltliche Grenze zu ziehen fällt schwer. Oft lassen sich die Verbrechen der Nationalsozialisten und die Kriegsgreuel nicht deutlich voneinander trennen.

Spätestens mit der Wiedereinführung der allgemeinen Wehrpflicht in Deutschland (1935) und der damit verbundenen Aufrüstung stellten auch die Industriebetriebe am See mehr und mehr auf die Herstellung kriegswichtiger Produkte um. Zeitgleich erkannte man in der Schweiz die Gefahr eines heraufziehenden Konflikts und plante zur Sicherung des eigenen Staatgebiets einen Festungsgürtel, mit dessen Bau ca. ab 1937 begonnen wurde.

Die Verlegung der Wehrmacht in Bereitstellungsräume für den Überfall auf Polen (1939) sorgte dafür, dass die Soldaten ihre Garnisonsorte verließen und ins Feld zogen. Ihre Kasernen wurden mit neuen Einheiten belegt. Wirtschaft und Industrie beschäftigten zunehmend Zwangsarbeiter und Kriegsgefangene, die unter menschenunwürdigen Bedingungen untergebracht waren. Besonders gut aufgearbeitet wurde die Geschichte der fast 3000 Zwangsarbeiter von Singen (Kreis Konstanz). Sie stammten meist aus der Ukraine und lebten unter primitivsten Verhältnissen zusammengepfercht in einem Lager.

Der Bombenkrieg erreichte 1943 das Bodenseegebiet. Am 21. Juni flogen die Alliierten einen ersten Luftangriff auf Friedrichshafen. Es folgten elf weitere, bei denen 25 000 Menschen obdachlos und ca. 1000 Einwohner getötet wurden. Zunächst standen die Industrieanlagen der Luftschiffbau Zeppelin (siehe S. 98), von Maybach, Dornier (siehe S. 104) und der Zahnradfabrik Friedrichshafen im Fokus. Um ihre Produktion sichern zu können, plante man in die Molassefelsen bei Goldbach (Überlingen, Bodenseekreis) ein Tunnelsystem einzusprengen. Die Arbeit oblag Häftlingen aus dem KZ Dachau, die in einem KZ-Außenkommando bei Aufkirch (nordwestlich von Überlingen) eingesperrt waren. Ähnliche Lager mit anderen Schwerpunkten gab es in Spaichingen (Kreis Tuttlingen), Radolfzell (Kreis Konstanz), Friedrichshafen (Bodenseekreis), Sigmarszell (Kreis Lindau) und Lochau (Vorarlberg).

Auch die Schweiz blieb vom Krieg nicht verschont: Am 1. April 1944 griffen US-Bomber versehentlich Schaffhausen an. Dabei kamen 40 Menschen ums Leben, 270 wurden zum Teil schwer verletzt. Am 25. Dezember 1944 verwechselten Piloten das Schaffhauser Städtchen Thayngen mit Singen (Kreis Konstanz), das gleichzeitig von anderen Maschinen bombardiert wurde. Die traurige Bilanz: 37 Menschen getötet, unter ihnen auch mehrere Kinder, 58 Personen schwerverletzt. Stein am Rhein (SH) folgte am 22. Februar 1945. Hier waren 9 Tote und 15 Schwerverletzte zu beklagen.

Am Boden stieß zu Beginn des Jahres 1945 die erste französische Panzerarmee Richtung Bodensee vor. Während ein Teil über den Bodanrück auf Konstanz marschierte, operierte das Gros des Verbands am nördlichen Seeufer mit Ziel Vorarlberg. Dort vermutete man die berüchtigte Alpenfestung. Hauptsächlich mit versprengten SS-Gruppen aus Radolfzell (Kreis Konstanz) kam es dabei immer wieder zu Gefechten, die von Kriegsverbrechen beider Seiten begleitet waren. So ermordete die SS willkürlich vermeintliche deutsche »Drückeberger und Feiglinge«. Französische Soldaten führten grundlos Erschießungen, Plünderungen und Vergewaltigungen durch.

Einmarsch der französischen Armee am Bodensee

Den letzten grausamen Akt bildete die Schlacht um Bregenz (Vorarlberg). Nachdem ein Ultimatum der Franzosen an die Wehrmacht unbeantwortet blieb, griffen am 1. Mai 1945 Jagdbomber die Vorarlberger Hauptstadt an, flankiert von Artilleriebeschuss. Danach gingen Bodentruppen vor und marschierten – ohne auf Widerstand zu stoßen – in die stark zerstörte Stadt ein.

Wie gesagt, auch 75 Jahre nach seinem Ende ist der Krieg noch sehr präsent. Immer wieder tauchen seine Hinterlassenschaften auf. Nicht nur auf dem Seegrund liegen entsorgtes Rüstungsmaterial oder Blindgänger. Im Hinterland finden sich ebenfalls Spuren. Jüngstes Beispiel dürfte ein Sammelsurium von Handfeuerwaffen sein, das zufällig bei Bauarbeiten in Salem (Bodenseekreis) ans Tageslicht kam.

1963 Eine Vereinigung auf Zeit – wenn Wasser nicht zu Wein, sondern zu Eis wird

Worum dreht sich dieses Kapitel eigentlich? Es geht um die bisher letzte große *Seegfrörne* (oder *Seegfrörni,* siehe S. 70). Sie fand im Jahr 1963 statt. Viel und lange Kälte ist notwendig, damit der See komplett zufriert. 1962/63 begann es bereits im November. Die Temperaturen fielen auf -7,5° Celsius, im Dezember auf -13° Celsius. Im Januar und Februar zeigte das Thermometer teilweise sogar -21° Celsius!

Dem Volksglauben nach passiert so etwas alle 80 bis 100 Jahre. Blendet man die Erderwärmung aus, müssten jüngere Leser die nächste *Seegfrörne* also zwischen 2040 und 2060 (wieder) erleben dürfen. Mit einem Geburtsjahrgang 1962 hat man demzufolge wahrscheinlich weniger Glück. Diesem Personenkreis bleiben nur Familiengeschichten. Erzählungen, die vom *Großen Eis* und seinen Begleitumständen berichten. Als Kind hatte man sie immer wieder gehört. Vor allem, wenn man zum Schlittschuhlaufen auf den Untersee ging. Er friert (besser *fror*) häufiger zu. Irgendwann glaubte man dann (bis heute?) selbst daran, dabei gewesen zu sein. Genau genommen stimmte das ja auch, aber ein persönlicher Eindruck scheint doch eher fraglich. Kaum denkt man an die *Seegfrörne*, kommen sie auch schon wieder, »die Erinnerungen« an den DKW der Eltern (ein PKW der unteren Mittelklasse von Auto Union – heute Audi AG), mit dem der Papa, Onkel, Bruder (und man selbst?) über den See zwischen Egg-Allmannsdorf, der Mainau (Kreis Konstanz) und Unteruhldingen (Bodenseekreis) fuhr. Bilder von Volksfesten und kleinen auf dem Eis landenden Flugzeugen tauchen auf. Spiele mit

Nachbarskindern und viele Schlitten auf der zugefrorenen Fährlinie zwischen Konstanz und Meersburg. Die Eltern trafen sich mit der Verwandtschaft aus der Schweiz und aus Kressbronn (Bodenseekreis) mitten auf dem Eis. Ein riesengroßes Familientreffen der Menschen rings um den See. So habe ich es noch im Ohr. War der Himmel blau? Im Gedächtnis sind Schwarz-weiß-Eindrücke geblieben. Das spricht eher für Fotos aus einem der Familienalben. Aber die Geschichten sind bunt und lebendig! Dann – es muss wohl später gewesen sein – trieben richtig große Eisschollen unter den Flutbögen der Konstanzer Rheinbrücke durch. Auf der ein oder anderen standen sogar Menschen mit langen Stangen oder Rudern. Damit steuerten sie durch die Fluten und winkten den vielen Zuschauern am Ufer todesmutig zu. Darunter natürlich erschreckt-staunende Mütter und Großmütter mit Kinderwagen. Wie wir heute wissen, zeichnete sich ab dem 15. März 1963 das Ende dieser kleinen Eiszeit ab.

Seegfrörne bei der Konstanzer Rheinbrücke

Was sagt der Historiker dazu? Tobias Engelsing, Direktor der Städtischen Museen Konstanz und ausgewiesener Kenner nicht nur von Wetterextremen schreibt in seinem Buch »Der gefährliche See«: »Entlang des Ufers am Untersee schlugen Wurstständе, Maroni- und Glühweinverkäufer ihre Buden auf, transportable Kioske boten Tabakwaren und Schokolade an. Eine fiskalische Kontrolle dieses grenzüberschreitenden Handels war kaum mehr möglich, also wurden die Zollschranken am Untersee für die Dauer der Seegfrörne aufgehoben. […] Für fünf Wochen wurden weite Teile des Bodensees zum größten Rummelplatz Europas. Überall herrschte der fröhliche Ausnahmezustand.« Hunderte Autos sausten zwischen der Schweiz, Deutschland und Österreich hin und her. »Zahlreiche Filmteams, Fernsehanstalten, Pressefotografen und die Korrespondenten aller wichtigen europäischen Agenturen und Tageszeitungen [belagerten] die Uferorte […].«

Dann brach das Eis auf und die Heerscharen von Neugierigen und Einheimischen zogen wieder ab. Zurück bleiben faszinierende Erinnerungen und fantasiereiche Erzählungen. Und natürlich die Hoffnung, der »See ohne Grenzen« möge nicht nur ein Traum aus der Vergangenheit sein.

2002 Die Flugzeugkatastrophe bei Überlingen

Es handelte sich um den folgenschwersten Flugunfall am Bodensee, der so hätte gar nicht passieren dürfen. Die zu Tode gekommenen Passagiere sollten programmgemäß nämlich einen Tag früher starten. Aber der Fahrer ihres Shuttlebusses kannte sich in Moskau nicht aus und verfuhr sich. Also nahm die Reisegruppe eine spätere Maschine. Ärgerlich, aber eigentlich kein Problem – ein Vorgang, der immer wieder passiert. Bis heute sind die Folgen unvorstellbar: 71 Tote, darunter 49 Kinder!

Was war passiert? Zunächst nichts Ungewöhnliches: Am Abend des 1. Juli 2002 gegen 21 Uhr (MESZ) startete auf einem Moskauer Flughafen der Bashkirian-Airlines-Flug 2937. Sein Ziel war Barcelona. An Bord befanden sich 69 Menschen, meistens Schulkinder im Alter zwischen acht und 16 Jahren aus Ufa, Hauptstadt der russischen Teilrepublik Baschkortostan. Alle freuten sich – handelte es sich bei der Reise doch um eine Auszeichnung der UNESCO für hochbegabte Schüler.

Zwei Stunden später hob vom italienischen Flughafen Bergamo eine Frachtmaschine, DHL-Flug 611, ab. Ihr Ziel war die belgische Hauptstadt Brüssel. Wie so viele sollten sich die Routen der beiden Flugzeuge über dem Bodensee kreuzen … Ein Routinevorgang, meint man, immerhin ist der Luftraum über Europa gut überwacht. Allerdings unterlief dem zuständigen Fluglotsen in Zürich ein fataler Fehler. Er genehmigte, dass die Unglücksmaschinen auf gleicher Höhe flogen. Nachdem der Irrtum bemerkt wurde, kam es zu einer Verquickung von unglücklichen Zufällen. Die beteiligten Maschinen erhielten von der Leitstelle in Zürich und von ihren bordeigenen Warnsystemen unterschiedliche Notfallanweisungen. Aufgrund der widersprüchlichen Angaben kollidierten die Flugzeuge schließlich um 23:35:32 Uhr in etwa 10 630 Metern Flughöhe. Bei der Kollision durchtrennte das Seitenleitwerk der Frachtmaschine den Rumpf des russischen Flugzeugs kurz vor den Tragflächen. Es stürzte ab. Die Trümmer lagen über zwei Kilometer nördlich von Überlingen (Bodenseekreis) verstreut. Die Frachtmaschine ging acht Kilometer weiter nördlich über der Gemeinde Owingen (Bodenseekreis) nieder. Wie durch ein Wunder fielen die meisten Trümmerstücke auf menschenleeres Land und richteten keinen größeren Sachschaden an.

Löscharbeiten in der Nacht der Flugzeugkatastrophe

Nachdem der Absturz bemerkt worden war, setzte eine intensive Rettungsaktion mit Kräften der Bundeswehr, des Technischen Hilfswerks, der DLRG, von Polizei und Sanitätsdiensten ein. Unterstützt wurden sie von Hilfskräften aus der Schweiz. Trotz aller Bemühungen konnten keine Überlebenden geborgen werden.

Bei der folgenden Untersuchung der Unfallursachen stellte sich heraus, dass der in Zürich arbeitende Fluglotse offenbar völlig überlastet war. Darüber hinaus hatten beide Besatzungen ihre für sie geltenden Anweisungen nicht richtig befolgt. Das gegen die Mitarbeiter der Flugsicherung eingeleitete Gerichtsverfahren endete mit Bewährungsstrafen.

Allerdings kam es zu einem dramatischen Nachspiel: Witali Kalojew (*1956), der bei dem Unglück seine Frau und zwei Kinder verloren hatte, reiste in die Schweiz und ermordete den beim Absturz diensthabenden Fluglotsen durch eine Messerattacke vor seinem Haus.

2015 Erfolgreicher Abschluss des Jahrhundertprojekts »Tiefenschärfe«

Wie der Grund des Bodensees haargenau aussieht, ist seit 2015 kein Geheimnis mehr. Oder sagen wir mal so, zumindest für ausgewählte Wissenschaftler. Entstanden war die Idee zur Neuvermessung am Institut für Seenforschung in Langenargen (Bodenseekreis), das sich seit mehr als neunzig Jahren für den Schutz des Ökosystems Bodensee und den vorsorgenden Gewässerschutz einsetzt. Das Institut plante und koordinierte das Vorhaben und begleitete es wissenschaftlich. Als Projektträger agierte die Internationale Gewässerschutzkommission für den Bodensee (IGKB), die sich aus Vertretern der Länder und Kantone aus Deutschland, Österreich und der Schweiz zusammensetzt und für die Reinhaltung des Bodensees engagiert. Ab 2012/13 hatte ein internationales Forscherteam das Becken des drittgrößten mitteleuropäischen Sees mit Fächerecholot und Laserscanner von Schiff und Flugzeug aus lückenlos vermessen.

Die Ergebnisse aus dem von der EU geförderten Projekt »Tiefenschärfe – Hochauflösende Vermessung Bodensee« begeisterten alle Beteiligten rund um den See.

Ein riesiger Datensatz mit enormer Datendichte wurde in ca. zwei Jahren zusammengetragen. Daraus erstellte das Projektteam in monatelanger Kleinarbeit ein detailgenaues 3D-Geländemodell für den See und seine Ufer. »Wir haben den Bodensee auf völlig neue Weise kennengelernt und sind auf viele spannende Details gestoßen«, erklärte 2015 Projektkoordinator Dr. Martin Wessels vom Institut für Seenforschung in Langenargen.

Bei der Neuvermessung des Bodensees erlebten die Forscher jede Menge Überraschungen. So hat das »Tiefenschärfe-Team« aus mehr als sechs Millionen Datenpunkten errechnet, dass der Bodensee an seiner tiefsten Stelle nicht – wie bei der letzten Messung im Jahr 1990 festgestellt – 253,55 Meter erreicht, sondern »nur« 251,14 Meter. Entlang des Schweizer Seeufers – zwischen Romanshorn (TG) und Güttingen (TG) – fand das Forscherteam eine größere Anzahl unbekannter Erhebungen – eine Sensation, die schon bald als »Stonehenge vom Bodensee« (siehe S. 14) bezeichnet wurde. Abgestürzte Flugzeuge, havarierte Boote, untergegangene Kriegs-

Das westliche Becken des Bodensees als 3D-Geländemodell

schiffe, verschwundene Inseln – all das, worüber man als Seekind fantasiereich spekulierte und träumte, tauchte nun auf. Doch nicht nur solch spektakuläre Funde, sondern vor allem der unerwartete Formenreichtum des Seebodens selbst begeistert. Die Kartierung brachte Canyons und Hügel, Flussläufe, Hangrutschungen, rätselhafte Krater und unterseeische Quellen ans Tageslicht. Eine faszinierende Unterwasserwelt, die sich so niemand hatte vorstellen können. Wer sich im Internet (www.tiefenschaerfe-bodensee) auf die Suche macht, taucht im wahrsten Sinne des Wortes in eine fremde und gleichzeitig doch erstaunlich vertraute Welt ein, die unerwartet vor seiner Haustüre liegt. Aber Achtung! Laien, die nun meinen, problemlos beispielsweise den auf dem See verschollenen Konstanzer Domschatz (siehe S. 74), das bischöfliche Archiv oder eine untergegangene römische Galeere zu finden, werden enttäuscht sein. In den öffentlich zugänglichen Bildern sind verständlicherweise viele Objekte aus Sicherheitsgründen unkenntlich gemacht.

Der See und seine Helfer bewahrten Geheimnisse und Mythen über Jahrtausende nicht nur Neugierigen gegenüber. Und, wer weiß, vielleicht wacht das »Nebelmännle von Bodman« (Kreis Konstanz) bis heute nicht nur über den Wein vom See, sondern auch über seine versunkenen Geheimnisse und Schätze. Man sollte die Sage auch im 21. Jahrhundert nicht unterschätzen!

Übersichtskarte

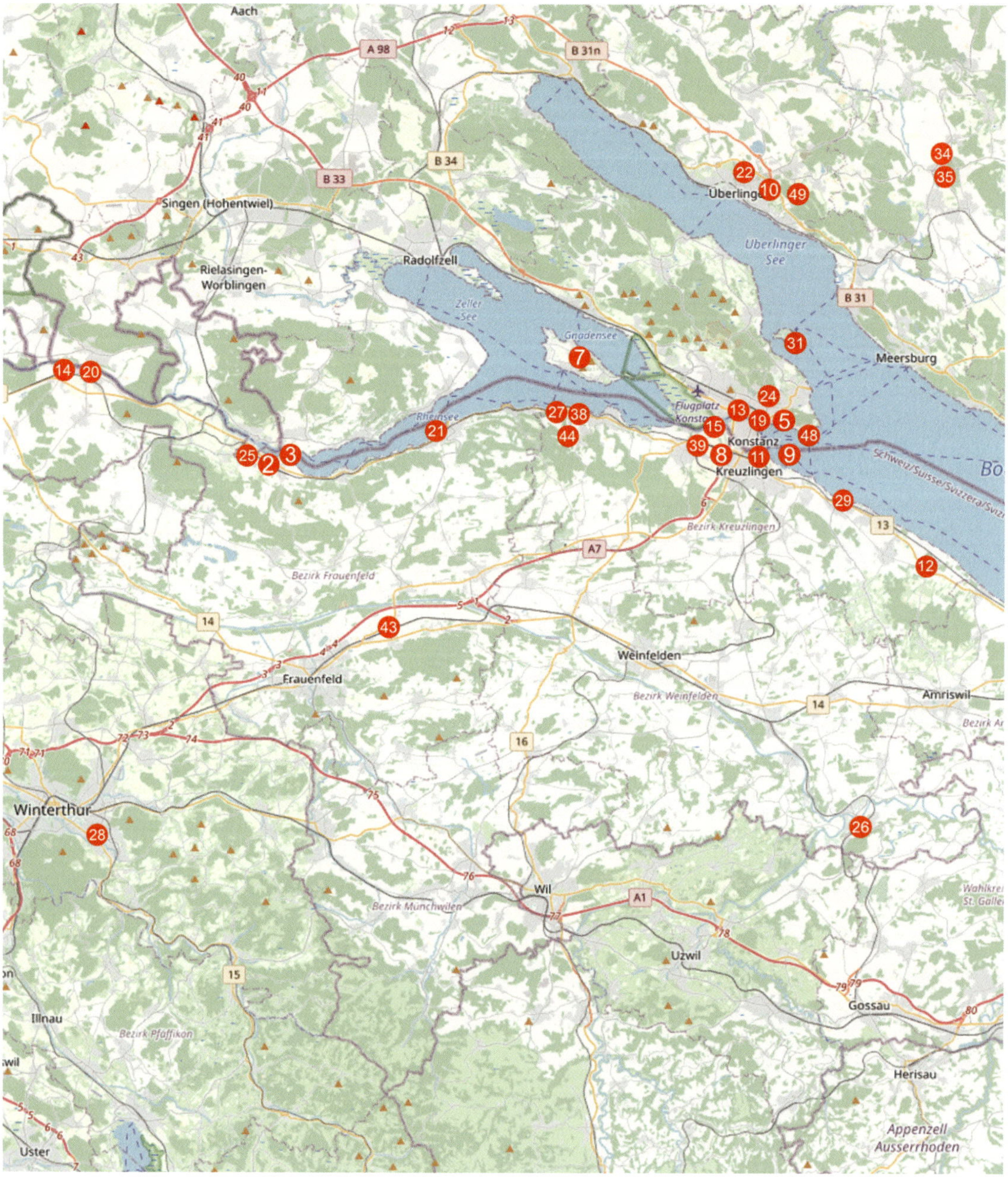

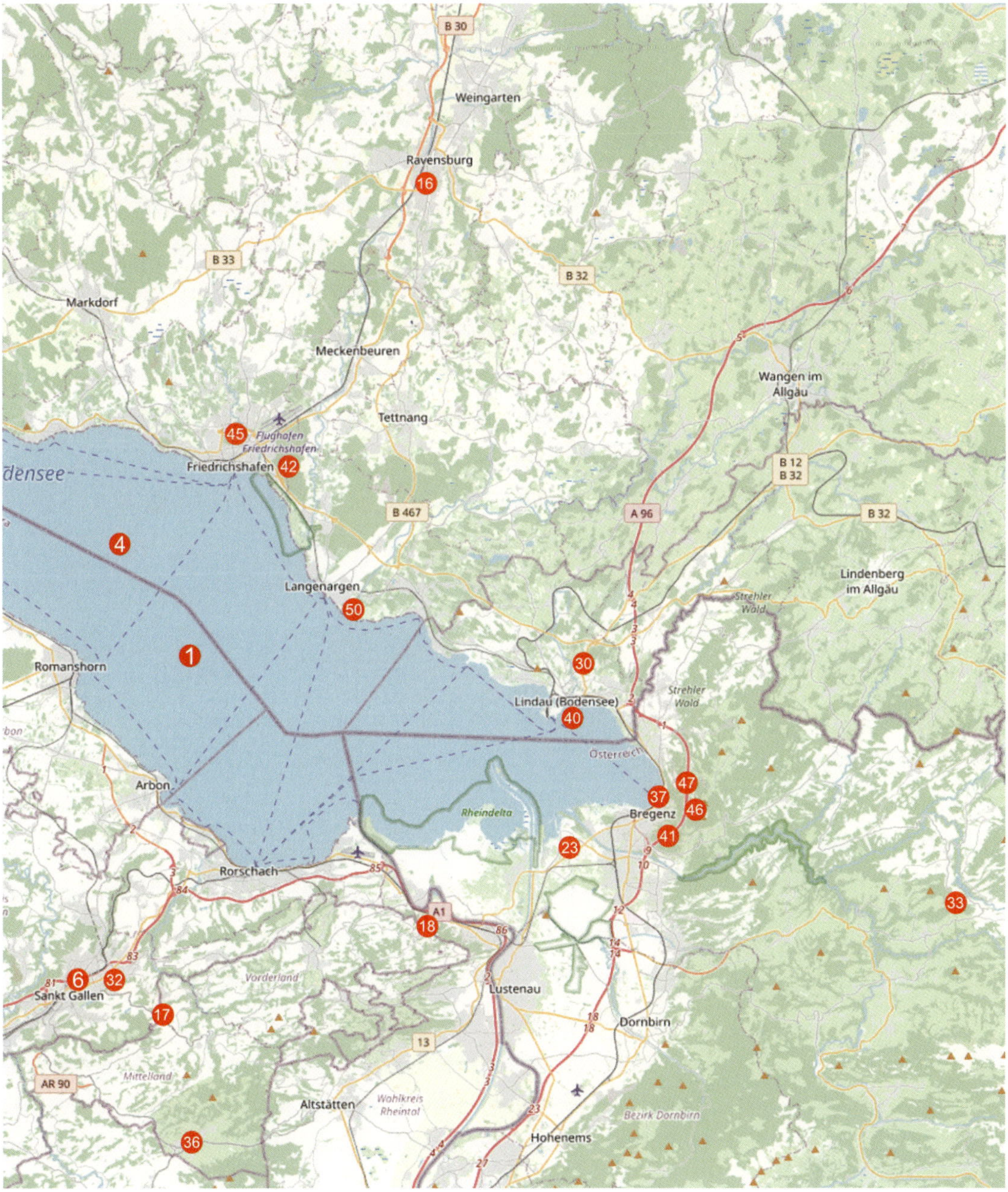
B 30
Weingarten
Ravensburg
B 33
B 32
Markdorf
Meckenbeuren
Wangen im Allgäu
Tettnang
Flughafen Friedrichshafen
Friedrichshafen
densee
B 12
B 32
B 467
A 96
B 32
Lindenberg im Allgäu
Langenargen
Strehler Wald
Romanshorn
Lindau (Bodensee)
Österreich
Arbon
Rheindelta
Bregenz
Rorschach
A1
Sankt Gallen
Vorderland
Lustenau
Dornbirn
13
AR 90
Mittelland
Altstätten
Wahlkreis Rheintal
Bezirk Dornbirn
Hohenems
1
4
6
16
17
18
23
30
32
33
36
37
40
41
42
45
46
47
50

Literaturempfehlungen

Blauert, Andreas, Sackgreifer und Beutelschneider, Die Diebesbande der Alten Lisel, ihre Streifzüge um den Bodensee und ihr Prozess 1732, Konstanz 1993.
Borst, Arno, Ritte über den Bodensee, Bottighofen 1992.
Brüning, Rainer und Knapp, Ulrich (Hrsg.), Salem, Vom Kloster zum Fürstensitz 1770–1830, Karlsruhe 2002.
Brunner, Michael und Harder-Merkelbach, Marion (Hrsg.), 1100 Jahre Kunst und Architektur in Überlingen (850–1950), Petersberg 2005.
Derschka, Harald und Klöckler, Jürgen (Hrsg.), Der Bodensee, Natur und Geschichten aus 150 Perspektiven, Ostfildern 2018.
Feger, Otto, Geschichte des Bodenseeraumes 1, Anfänge und frühe Größe, Sigmaringen 1971.
Ders., Geschichte des Bodenseeraumes 2, Weltweites Mittelalter, Lindau und Konstanz 1958.
Ders., Geschichte des Bodenseeraumes 3, Zwischen alten und neuen Ordnungen, Konstanz und Lindau 1963.
Fitz (Ritter und Edler von), Erwin, Geschichte der Bilgerikaserne in Bregenz, Wien 1988.
Grieshaber, Barbara und Kopitzki, Siegmund (Hrsg.), Drei Tagesritte vom Bodensee, Historische Geschichten, Messkirch 2011.
Gügel, Dominik und Egli, Christina (Hrsg.), Arkadien am Bodensee, Europäische Gartenkultur des beginnenden 19. Jahrhunderts, Frauenfeld 2005.
Dies., Eine Königin macht Dampf, Zeitenwende am Bodensee 1817–1837, Arenenberg 2017.
Gügel, Dominik, Wir waren auch dabei, Das Konstanzer Infanterie Regiment Nr. 114 und seine Soldaten aus dem Bodenseeraum im Ersten Weltkrieg, Konstanz 2018.
Herzog, Ruedi und Stricker, Hannes, Grenzschutz am Bodensee und die Geschichte der Grenzbrigade 7, Frauenfeld 1993.
Knöpfli, Albert, Kunstgeschichte des Bodenseeraumes 1, Von der Karolingerzeit bis zur Mitte des 14. Jahrhunderts, Konstanz und Lindau 1961.
Ders., Kunstgeschichte des Bodenseeraumes 2, Vom späten 14. bis zum frühen 17. Jahrhundert, Sigmaringen 1969.

Lachmann, Theodor, Überlinger Sagen und Bräuche vom Bodensee, Konstanz 1909.
Meister, Jürg, Kriege auf Schweizer Seen, Europäische Geschichte in der Schweiz von der Römerzeit bis heute, Zug und Stuttgart 1986.
Michler, Jürgen, Gotische Wandmalereien am Bodensee, Friedrichshafen 1992.
Möking, Bernhard, Sagen und Schwänke vom Bodensee, Konstanz 1972.
Niederstätter, Alois, Geschichte Vorarlbergs 1, Vorarlberg im Mittelalter, Innsbruck 2014.
Ders., Geschichte Vorarlbergs 2, Vorarlberg 1523 bis 1861, Innsbruck 2015.
Oberholzer, Arnold Othmar, Thurgauer Sagen, Frauenfeld 1912.
Pichler, Meinrad, Geschichte Vorarlbergs 3, Das Land Vorarlberg 1861 bis 2015, Innsbruck 2015.
Schmid, Leo (Hrsg.), Bodensee Reise-Lesebuch zu Wirtschaft, Kultur und Technik, Zürich 2005.
Schmitt, Günter, Schlösser und Burgen am Bodensee, Band I West, Biberach 1998.
Ders., Schlösser und Burgen am Bodensee, Band II Nord-Ost, Biberach 2001.
Ders., Schlösser und Burgen am Bodensee, Band III Süd, Biberach 2002.
Stäheli, Cornelia, Kulturschätze im Thurgau entdecken und erleben, Frauenfeld 2003.
Videnz, Paul, Die Offizier-Vereinigungen am Bodensee, Stuttgart 1913.
Volkart, Silvia, Rom am Bodensee, Die Zeit des Konstanzer Konzils, Zürich 2014.
Dies., Vom Bodensee nach Bischofszell, Alltag und Wirtschaft im 15. Jahrhundert, Zürich 2015.
Dies., Umbruch am Bodensee, Vom Konstanzer Konzil zur Reformation, Zürich 2018.

Bildnachweis

Umschlag: Napoleonmuseum Thurgau, Arenenberg (Mitte 1. v. l.); Peter Scherer (Mitte 2. v. l.); Schweizerisches Nationalmuseum (Mitte 3. v. l.); Familienarchiv Gügel-Frank, Konstanz (Mitte 4. v. l.); Touristeninformation Konstanz GmbH (unten).

Innenteil: Shutterstock/Lena Wurm, S. 2; Shutterstock/Oleksiy Mark: S. 10–11; Naturmuseum Thurgau, Frauenfeld: S. 12, S. 13; Amt für Archäologie Thurgau, Frauenfeld: S.15, S. 16, S. 18, S. 37; Zentralbibliothek, Zürich: S. 20; Napoleonmuseum Thurgau, Arenenberg: S. 21, S. 84, S. 87, S. 89, S. 90, S. 103; Diözesan-Archiv, Freiburg: S. 23; Stiftsbibliothek, Sankt Gallen: S. 24; Privatbesitz: S. 26, S. 27, S. 76, S. 79, S. 81; Familienarchiv Gügel-Frank, Konstanz: S. 29, S. 38, S. 39, S. 42, S. 43, S. 49, S. 59, S. 60, S. 69, S. 75, S. 93, S. 94, S. 95, S. 96, S. 97, S. 99, S. 100, S. 101, S. 106, S. 109, S. 110, S. 111; Stadtbibliothek im Bildungscampus Nürnberg, Amb. 317.2°, f. 63r: S. 31; roland-zh: S. 32; JoachimKohlerBremen: S. 33; picture alliance/ullstein bild: S. 34, S. 105; Landesbibliothek, Fulda: S. 35; Schweizerisches Nationalmuseum, Zürich: S. 41; Alte Pinakothek, München: S. 45; Burgerbibliothek Bern, Mss.h.h.I.16, p. 526, Foto: Codices Electronici AG, www.e-codices.ch: S. 46; Rosgartenmuseum, Konstanz: S. 51, S. 73; Korporation, Luzern: S. 53; Historisches Museum Thurgau, Frauenfeld: S. 55; Museum, Überlingen: S. 57; Museum Kloster St. Georgen: S. 63; Historisches Museum, Basel: S. 65; Stadtarchiv, Konstanz: S. 66; Pingelig: S. 77; Hilarmont: S. 78; Museum Biberach, Bild: Konrad Hoffmann: S. 83; Dirk Diestel: S. 113; Institut für Seenforschung, Langenargen: S. 115; www.openstreetmap.org/copyright/de: Kartengrundlage S. 116/117.